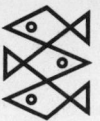

Über dieses Buch Das Wissen um eine konkrete, im Übersinnlichen wirkende Engelswelt ist in allen Kulturen lebendig gewesen. Durch die Bibel und die Schriften großer christlicher Lehren wurde dieses Wissen von den hierarchisch gegliederten Reichen der Engel überliefert. Was aber kann uns heute von diesen alten Menschheitserfahrungen wieder erlebbar werden?
Der Autor nähert sich einer Wesensbeschreibung der Engel, indem er von traditionellen Engel-Darstellungen in Kunst und Literatur ausgeht: Was spricht aus dem Bild der Flügel? Warum sind auf den Flügeln häufig Augen dargestellt? Was symbolisieren musizierende Engel? Es werden die verschiedenen ›Aufgaben‹ von Engeln, Erzengeln, Urkräften charakterisiert, und auch das Wirken der gefallenen Engel, des Bösen, wird beschrieben.

Der Autor Hans-Werner Schroeder, 1931 geboren, lebt in Stuttgart und wirkt dort als Priester in leitender Funktion in der Christengemeinschaft und ihrem Seminar.

Hans-Werner Schroeder

Mensch und Engel

Die Wirklichkeit der Hierarchien

Fischer Taschenbuch Verlag

Perspektiven der Anthroposophie

Herausgegeben von
Johannes M. Mayer und Wolfgang Niehaus

14.–15. Tausend: Februar 1988

Ungekürzte Ausgabe
Veröffentlicht im Fischer Taschenbuch Verlag GmbH,
Frankfurt am Main, November 1982

Lizenzausgabe mit freundlicher Genehmigung
des Verlages Urachhaus Johannes M. Mayer GmbH & Co. KG, Stuttgart
Umschlagentwurf: Jan Buchholz / Reni Hinsch
Printed in Germany
ISBN 3-596-25522-8

Inhalt

III. ENGEL-GEDICHTE, ENGEL-TEXTE

I.
Die Wirklichkeit der Engel –
wie wir sie verstehen lernen

Einleitung
Engel heute?

Das Bewußtsein einer über den Menschen und mit den Menschen wirkenden Engelwelt ist uns verlorengegangen. In allen früheren Kulturen war dieses Bewußtsein lebendig. Es gehört zur Welt des Alten wie des Neuen Testaments, gehört zu den Bildern christlicher Verkündigung. Erst die moderne Zeit verbannte die Engel aus dem Bereich des Denkens und Erlebens; und selbst die heutige Theologie kann mit der »Engellehre« kaum noch etwas Wesentliches verbinden, oder sie verweist sie gar als »religiöse Staffage« in die Rumpelkammer überholter Vorstellungen.

Andererseits stehen wir heute am Beginn neuer übersinnlicher Erfahrungen. Noch sind es erst einzelne Stimmen, die von solchen Erfahrungen sprechen: Christian Morgenstern, Rainer Maria Rilke, Else Lasker-Schüler und manche andere wären zu nennen, bei denen neuartige Erlebnisse der Engelwelt einen ersten Ausdruck finden. Solche Stimmen werden sich mehren.

Und doch: wir blieben diesen Erfahrungen wie auch den alten Überlieferungen gegenüber in Unsicherheit, könnte es heute nicht auch klare *Erkenntnisse* über die Bereiche der geistigen Welten und ihrer Wesen geben. Durch die Geisteswissenschaft Rudolf Steiners sind Wege dazu erschlossen worden, Wege, welche nicht in dunkle Gefühle, sondern zu klaren Erkenntnissen führen können und es damit auch dem heutigen Bewußtsein ermöglichen, mit neuem, inhaltvollem Verständnis an die Wirklichkeit der Engel und an die damit verbundenen Erlebnisbereiche heranzutreten, und die es andererseits möglich machen, auf religiösem Felde wieder ehrlich von geistigen Welten und Wesen zu sprechen. Solches Verständnis wird in einer Zeit, wo sich die »Grenzen irdischen Wachstums« zeigen, immer wichtiger: Die Welt jenseits der Grenze öffnet sich – eine Zukunft-tragende Welt.

Dieses Buch schildert, was sich ergibt, wenn man mit solchem *Verständnis* und durch das Verständnis angeregtem *Erleben* an die überlieferten Bilder und Vorstellungen der Engelwelt – wie sie vor allem im Alten und Neuen Testament enthalten sind –

und an Lebens- und Welterfahrungen unserer Zeit herantritt. Es bietet keinen geschichtlichen Überblick über die Engelerfahrungen und Engelvorstellungen der Menschheit.[1] Es bietet keine Zusammenfassung geisteswissenschaftlicher Ergebnisse.[2] Vor allem bietet es *keine Dogmatik;* es will auch *keine Beweise* geben in einem Bereich, in dem allein die Lebenserfahrung und das sich entwickelnde Verständnis des *Einzelnen* wahrhafte Beweiskraft haben werden.

Das Buch spricht von einer Wirklichkeit, der man sich annähern kann. Es will – wo nicht »Beweise« – so doch *Hinweise* geben; Hinweise zum Verstehen, zum Erleben, zum Sich-Verbinden mit der Engelwelt.

---

[1] Alfons Rosenberg: *Engel und Dämonen, Gestaltwandel eines Urbildes*, Prestel Verlag, München 1967.
[2] Ewald Grether: *Geistige Hierarchien. Der Mensch und die übersinnliche Welt in der Darstellung großer Seher des Abendlandes. Dionysius Areopagita – Dante Alighieri – Rudolf Steiner,* Studienmaterial zur Geisteswissenschaft, Verlag Die Kommenden, Freiburg i. Br. 1977.

Die himmlischen Hierarchien –
ihre Ordnung, ihre Vielfalt

Die Natur weist eine unendliche Mannigfaltigkeit der Wesen und Wesensbeziehungen, eine fast unübersehbare Vielfalt an Formen und Gestaltungen auf. Innerhalb dieser Mannigfaltigkeit jedoch zeigt sich auch eine deutliche Gliederung in drei große Bereiche: Das Mineralreich, die Pflanzenwelt, das Tierreich heben sich voneinander ab und bilden jeweils ein Reich für sich. Und alle drei Bereiche bieten wiederum die Voraussetzung für das Leben des Menschen, dessen irdische Erscheinung aus den unter ihm stehenden Naturreichen hervorgegangen und bis heute von ihnen abhängig ist.

Die Frage erhebt sich: Ist die Welt mit dem Menschen abgeschlossen? Die drei Naturreiche haben in der leiblichen Gestalt des Menschen gleichsam ihren Gipfel erreicht; sie »ragen herein« in den Leib des Menschen und »er-halten« ihn, wie »von unten«. Gibt es andererseits etwas, das – wie die Naturreiche von unten – »von oben« in den Menschen hereinragt und ihm für Seele und Geist die Kräfte gibt, die ihn *seelisch und geistig* – wie die Natur *leiblich* – erhalten können?

Einer unbefangenen Weltbetrachtung wird eine solche Frage, ob es nicht nur *unter,* sondern auch *über* dem Menschen Wesen und Wesensbereiche geben kann, nicht unberechtigt erscheinen. Der Einwand, daß nur das, was sichtbar vor Augen liegt, wirklich sei, kann nicht gelten: nicht angesichts einer Naturwissenschaft, die längst in prinzipiell nicht sichtbare und nur noch mathematisch faßbare Bereiche vorgedrungen ist; und nicht angesichts der Tatsache, daß im Menschen selbst gerade das Wesentliche nicht sichtbar, sondern nur im inneren Erleben erfahrbar ist: Seine Gedanken, seine Erinnerungen, Gefühle, Sehnsüchte usw., ja, sein Ich haben keine *materielle* Wirklichkeit und sind doch die eigentliche Wirklichkeit für uns.

Von der Welt über dem Menschen ist zu allen Zeiten und in allen aus geistiger Erkenntnis stammenden Weltanschauungen als einer Wirklichkeit gesprochen worden. Auch innerhalb des Alten und Neuen Testaments, in den Schriften der großen christlichen Lehrer Paulus, Dionysius Areopagita, Thomas von

Aquino, um nur einige zu nennen, ist von dieser Wirklichkeit selbstverständlich die Rede. Altes Wissen, alte, reifgewordene Menschheitserfahrungen haben darin ihren Niederschlag gefunden.

Was kann uns heute von diesem Wissen wieder *verständlich*, von den aus alten Menschheitserfahrungen stammenden Mitteilungen wieder neu *erlebbar* werden? Diesen Fragen soll dieses Buch gewidmet sein.

Als erstes sei nun ein mehr äußerlicher Überblick über die vielfältigen Bereiche der Engelwesen, wie sie in der christlichen Überlieferung geschildert sind, versucht; er wird sich bei allen weiteren Erörterungen als grundlegend erweisen. Denn die Wesenswelt *über* dem Menschen trägt genauso wie die Naturwelt *unter* dem Menschen Fülle und Vielfalt in sich. Christian Morgenstern sagt davon:

Von zwei Rosen   So in unzähl-
duftet eine   baren zarten
anders, als die   Andersheiten
andre Rose.   mag der Himmel,

Von zwei Engeln   mag des Vaters
mag so einer   Göttersöhne-
anders, als der   reich seraphisch
andre schön sein.   abgestuft sein ...

Doch auch in solcher Vielfalt und Fülle gibt es nicht nur Abstufungen, sondern *Ordnungen:* die »hierarchische Ordnung« der Engelreiche, d. h. ein Über- und Untergeordnetsein der Wesen in ihren Lebensbereichen und Aufgaben; wie im Naturbereich die Pflanze vom Mineral, das Tier von der Pflanze abhängig ist, oder richtiger ausgedrückt: wie jedes Naturwesen mit anderen in geordneter Art zusammenwirkt – so ist es auch im Bereich der Hierarchien.

In der christlichen Überlieferung lebt ein deutliches Bewußtsein von dieser Ordnung. Schon in den Paulusbriefen finden wir eine Anzahl von Namen, mit denen die verschiedenen Engelreiche benannt werden (Römer 8; Kolosser 2, 10, 15; Epheser 1, 21 und 6, 12; ähnlich auch 1. Petrusbrief 3, 22). Kolosser 1, 16 z. B. heißt es: »...denn in ihm (dem Christus) ist alles erschaffen... *Throne* und *Kyriotetes* und *Archai* und *Exusiai*«.

Man kann daraus ersehen, daß Paulus eine umfassende Kenntnis und eine differenzierte Anschauung der hierarchischen Wesen besaß, daß er in manchen Briefen ganz unbefangen davon spricht und dabei die Kenntnis der Engelwelten selbstverständlich bei den Lesern voraussetzen kann.

Eine erste systematische Beschreibung finden wir dann unter dem Namen des *Dionysius Areopagita* niedergelegt, dessen Schriften auf die esoterischen Lehren des Paulus zurückzuführen sind und das ganze Mittelalter hindurch die Grundlage der vielfältigen Anschauung von der Engelwelt bildeten, wie sie in vielen Bildwerken der mittelalterlichen Kunst zum Ausdruck kommt. Danach ist die Engelwelt in drei große Bereiche gegliedert: in die Bereiche der *ersten,* der *zweiten* und der *dritten Hierarchie.* Jeder dieser Bereiche ist wiederum in sich dreifach abgestuft; so stehen über dem Menschen dreimal drei, d. h. *neun* Engelreiche: vollkommene Spiegelung der dreieinigen Gottheit, die selbst noch über den Hierarchien waltet und zugleich durch sie und mit ihnen wirkt (s. Seite 151).

Bei *Thomas von Aquino* finden wir diese Anschauung der Ordnung der Engelreiche in vertiefter Form wieder. Durch Dionysius und Thomas sind alte Erfahrungen und altes Wissen bis in die Gegenwart überliefert worden. Wie diese Erfahrungen und dieses Wissen durch die Erkenntnisse Rudolf Steiners heute neu gesucht, gefunden und vertieft werden können, haben wir in der Einleitung angedeutet. Aus einem neuen Wissen heraus können heute die Namen der neun Engelreiche auch im *Gottesdienst* wieder genannt werden, wie es in der Christengemeinschaft zu Weihnachten geschieht; sie lauten:

Engel – Erzengel – Urkräfte
Offenbarer – Weltenkräfte – Weltenlenker
Throne – Cherubine – Seraphine.

Die ersten drei Namen bezeichnen die Wesen der dritten Hierarchie, die dem Menschen am nächsten steht; von ihnen wird in den weiteren Ausführungen vor allem die Rede sein. Die zweite Dreiheit – Offenbarer, Weltenkräfte, Weltenlenker – umfaßt die zweite Hierarchie. Throne, Cherubine, Seraphine[3] bilden, der Gottheit am nächsten, die oberste, die erste Hierarchie.

---

[3] Hebräischer Plural: Cherubim, Seraphim; wir benutzen hier die deutsche Schreibweise.

Von der *ersten Hierarchie* heißt es bei Dionysius Areopagita[4]: »Jene höchsten Geister, die unmittelbar um Gott stehen, bilden eine eigene Hierarchie. Rein sind sie zu nennen, nicht bloß weil sie keiner Verunreinigung ausgesetzt sind, sondern weil sie die höchste Heiligkeit besitzen und unwandelbar die Höhe ihrer Vollkommenheit behaupten. Beschauend sind sie, nicht in dem Sinne, als ob sie sinnlich wahrnehmbare Bilder nötig hätten, sondern insofern sie im immateriellen Lichte die Trinität schauen... Vollendet werden sie genannt, weil sie nicht eine diskursive Erkenntnis besitzen, sondern von der Gottheit in der höchsten Form unmittelbar erleuchtet und vollendet werden.«

Bevor wir uns in weiteren Kapiteln besonders der dritten Hierarchie zuwenden, sei hier als Überblick eine kurze Charakterisierung auch der zweiten und ersten Hierarchie versucht.

Die *dritte Hierarchie* – also die Engel, Erzengel, Urkräfte (bei Paulus Archai genannt) – steht unmittelbar über dem Menschen. Sie wirkt vor allem auf die inneren Verhältnisse des einzelnen Menschen und der Menschheit ein, auf alles, was seine Ausprägung im seelischen Leben und in Schicksalstatsachen findet; auf die Gestaltung physisch-irdischer Verhältnisse hat sie wenig Einfluß. Dazu bedarf es größerer geistiger Kraft.

Diese Kraft finden wir, wenn wir in den Bereich der *zweiten Hierarchie,* der »Offenbarer«, der »Weltenkräfte«, der »Weltenlenker«, aufsteigen (bei Paulus: Exusiai, Dynameis[5], Kyriotetes[6]). Schon an der Namengebung läßt sich erkennen, daß ihr Wirken höherer und umfassenderer Art ist als das der dritten Hierarchie: Wird dort die oberste Stufe der Wesen mit dem Wort »Urkräfte« (Archai) bezeichnet, so finden wir hier die Weltenkräfte, ja sogar Weltenlenker. Es sind die Engelwesen, welche dem ganzen Kosmos eine weisheitsvolle, sinnerfüllte Gestaltung verleihen. Ihre Macht beschränkt sich also nicht auf das Innere allein; und wenn die Weltenlenker bei Paulus »Kyriotetes«, d. h. Herrscher, oder bei Rudolf Steiner auch »Geister der Weisheit« genannt werden, dann beziehen sich

---

[4] Dionysius Areopagita, *Die Hierarchie der Engel.*
[5] Mehrzahl des griechischen Wortes dynamis: Dynámeis (betont auf der 2. Silbe).
[6] Mehrzahl des griechischen Wortes kyriótēs: Kyriótetes (betont auf der 3. Silbe).

diese Ausdrücke vor allem auf Beherrschung und weisheitsvolle Gestaltung der äußeren Welt.

Die Naturwissenschaften haben in reicher Fülle und bis in alle Einzelheiten hinein das Anschauungsmaterial beigebracht, das zeigt, daß die Welt im Großen und im Kleinen, ja im Kleinsten sinnvoll geformt, strukturiert, geordnet ist, und dies nicht schematisch, sondern in allergrößter Vielfalt und Differenzierung. Wer nicht dem Wunderglauben des Materialismus huldigt, diese sinnvolle Ordnung sei aus Zufall und Notwendigkeit entstanden, wird schließlich doch fragen müssen, wer alles das so veranlagt und »gelenkt« hat. Das Gehirn des Menschen z. B. enthält vierzehn Milliarden Nervenzellen, die in komplizierten Verbindungen miteinander stehen; jede Gehirnzelle hat durchschnittlich zu 10 000 anderen Zellen eine solche Verbindung. Dieser ungeheuer komplizierte Organismus (man darf nicht sagen »Apparat«, denn ein so »konstruierter« Apparat würde gar nicht »funktionieren« wegen seiner Komplexität) mußte entstehen, um das menschliche Denken mit seinen unendlichen Möglichkeiten und feinsten Spielarten im irdischen Bereich zur Erscheinung zu bringen. Wer sich einmal voll zum Bewußtsein bringt, welch unendliche Feinheit und Präzision der Mikrostrukturen, welch komplizierter Beziehungsreichtum der Einzelheiten in diesem mühelos arbeitenden Zellenkosmos entstanden sind – und wer sich weiterhin klarmacht, daß dies ja wiederum nur eine fast geringfügige Besonderheit im Gesamtgebiet des Weltalls darstellt, das, wohin wir blicken, die erstaunlichsten Formungen aufweist –, der wird zu ahnen beginnen, daß er hier vor dem Ergebnis der weisheitsvollen Arbeit von »Weltenkräften« steht, aus deren Werkstatt die Strukturen und Gestaltungen der äußeren Welt stammen.

»Weltenkräfte« sind es, die hier wirken; aber nicht als anonyme Kräfte. Das Wort meint Engel*wesen,* die diese bildenden, gestaltenden, ordnenden Kräfte selber sind; und die ihrerseits sich leiten und inspirieren lassen von Wesen, die über ihnen stehen: den »Weltenlenkern«, die dafür sorgen, daß, was so geordnet und gestaltet ist, zu einem sinnvollen, weisheitsvoll gefügten Ganzen, einem »Kosmos« wird; deshalb heißen die »Weltenlenker« auch »Geister der Weisheit«.

Die Wirksamkeit der »Offenbarer« schließlich (bei Paulus »Exusiai«, d. h. Gewalten; im Alten Testament werden sie »Elohim« genannt) geht dahin, daß die Einzelwesen nicht nur Struktur und Form bekommen, die gleichzeitig weisheitsvoll einem Ganzen eingegliedert sind, sondern daß sich *in* dem weisheitsvoll Gefügten das jeweilige Wesen – der Mensch, der Löwe, die Rose – als Wesen in seiner Besonderheit zu offenbaren vermag. So wirken Weltenlenker, Weltenkräfte, Offenbarer zusammen, damit die Welt, in der wir leben, sich bilden und bestehen kann.

Ist schon die Charakterisierung der zweiten Hierarchie in ihrer Wirksamkeit etwas, das weit über die heute üblichen Vorstellungen hinausweist, so werden die Beschreibungen, die für die *erste* Hierarchie notwendig sind, geradezu eine Zumutung für unser heutiges Bewußtsein. Trotzdem sei – des Überblicks wegen – diese Schilderung im Ansatz gewagt; sie soll wenigstens andeuten, in welcher Richtung man sich die Wirksamkeit der höchsten Hierarchie vorstellen kann. Eine ausführlichere Darstellung, die zu einer guten Begründung der ungewöhnlichen Gedanken kommen würde, liegt nicht im Rahmen dieses Buches.

Schon im Alten Testament ist außer den bisher genannten Wesen von noch höher stehenden Engeln die Rede, die als »Cherubine« und »Seraphine« bezeichnet werden. Sie erscheinen dort in unmittelbarer Nähe zur Gottheit (siehe Kapitel ›Kultus und Engelwirken‹ S. 89).

Diese allerhöchsten Wesen nehmen unmittelbar an der schöpferischen Kraft der Gottheit teil. Wenn wir den Darstellungen Rudolf Steiners folgen, dürfen wir sagen: Mit der ersten Hierarchie sind diejenigen geistigen Wesen gemeint, welche nicht nur die Ordnung, sondern das *Sein*, die *Substanz* der Welt im unmittelbaren Zusammenhang mit der Gottheit geschaffen haben. Die Welt ist nicht nur ihrer Gestaltung, ihren Formen nach aus dem Geistigen entstanden, auch die verschiedenartigen Substanzen, die Stoffe der Erde sind ursprünglich aus konkreten Geist-Substantialitäten und Kraftströmungen heraus geworden: aus »Lichtstofflichkeit«, die in äonenlanger Entwicklung so verdichtet worden ist, daß sie schließlich als undurchdringliche Erdenstofflichkeit erscheinen kann. »Die Leiblichkeit ist das Ende der Wege Gottes« – dieses Wort des schwäbischen Theosophen Oetinger gehört hierher. Und etwas von dem Geheimnis des Licht- und Kraftursprunges alles Materiellen wird ja – wenn auch in verzerrter Art – in den Tatsachen anschaulich, welche die moderne Atomphysik zutage gefördert hat, wo gar nicht mehr von »Materie« im herkömmlichen Sinne gesprochen werden kann.

Schauen wir auf den »Ur-sprung« unserer materiellen Welt, dann kommen wir in den Bereich jener Wesen, die aus ihrer eigenen Substanz heraus in einem gewaltigen Weltenopfer die Substanz für das Weltdasein hervorbrachten, das heute unser Dasein ist. So wie eine Mutter einen Menschen aus sich heraus gebären kann, indem sie einen Teil ihrer eigenen Leiblichkeit dem Werden des Kindes zur Verfügung stellt, so ist aus dem Sein der höchsten Hierarchien die Substanz herausentwickelt, die als Erdenstofflichkeit uns Menschen heute zur Verfügung steht.

Die Welt – so entfremdet sie heute dem Geiste erscheinen mag – ist aus geistigen Wesen herausgeboren. Ein Stück Gold, einen Kristall, einen Tropfen Wasser müssen wir ihrem Ursprung nach auf konkrete geistige Substanzen zurückführen – freilich sind sie ihrem Ursprung entfremdet, gleichsam »verzaubert«. Das Wirken mit Substanzen im sakramentalen Handeln beginnt man zu verstehen, wenn man dies weiß, und daß bestimmte Substanzen ihrem Ursprung wieder verbunden werden können. So darf es in der Taufe vom Wasser heißen, daß es verbunden mit der Macht seines Ursprungs, d. h. als »des Geistes alldurchdringende Kraft« wirken soll. Damit wird die Taufe erst, was sie sein soll: eine Geist-materielle Tat, aus dem Ursprungsbereich des Materiellen wirkend.

Wir haben einen Überblick versucht über die Bedeutung und Wirksamkeit der zweiten und ersten Hierarchie. Im weiteren soll nun von der *dritten Hierarchie* – von den Engeln, Erzengeln und Urkräften – ausführlicher gesprochen werden.

Die Flügel der Engel –
der Hauch der Ewigkeit

In diesem und den folgenden beiden Kapiteln sei nun versucht, an bildhafte Vorstellungen anzuknüpfen, welche bei der Darstellung der Engelwesen schon immer – auch in vorchristlichen Zeiten und Kulturen – eine Rolle gespielt haben.

Da ist zunächst das Bild der Flügel:

Haben Engel Flügel? Und haben ihre Flügel Federn? So kann man fragen. Sind doch die Flügel geradezu dasjenige, wodurch die Engel auf allen bildlichen Darstellungen als Engel erscheinen. Unserem heutigen Bewußtsein aber ist damit eher ein innerer Anstoß und Grund zur Ablehnung als eine Hilfe gegeben. Und doch liegt in dem Bilde der Flügel, wenn es als Bild, als Hinweis auf eine höhere Wirklichkeit begriffen wird, etwas, das uns zum Verständnis des Wesens der Engel hinführen kann.

Flügel haben im Naturbereich *die* Tiere, die nicht an die Erdoberfläche gebunden sind, die sich erheben können aus irdischer Begrenzung und Erdverhaftung in den freien, unbegrenzten Bereich der Luft und des Lichtes. Das ist bei den Vögeln nicht nur in einem äußeren Sinne der Fall: Für viele Vögel ist ihre Lichtverbundenheit ein hervorstechendes Merkmal ihres Wesens. Bis in die physiologischen Vorgänge und die Rhythmen ihres Leibes hinein sind sie dem Lichte – das heißt aber: einem *kosmischen* Element – unmittelbar hingegeben. Am Beginn des Morgengesangs vieler Vögel vor Sonnenaufgang z. B. kann man die Zeit exakt bestimmen, zu der die Sonne aufgehen wird. Eine unmittelbare Lichtverbundenheit drückt sich darin aus.

Wenn wir die hier angedeuteten Elemente als Bild für die Wirklichkeit der Engel gelten lassen, können wir daran erfassen, worin sich ihre Bewußtseins-, ihre Wesensart von der menschlichen Art unterscheiden mag. Unser Wesen und Bewußtsein ist an das Irdische gebunden, Wesen und Bewußtsein der Engel hat Freiheit des inneren »Aufschwungs«, Weite, Unbegrenztheit im Erleben einer höheren Welt; es hat aber auch Weite und Größe im Erleben des eigenen Daseins, das nicht der Schwere verhaftet ist. Im Deutschen kann man für das Wort »Flügel« auch »Schwingen« sagen; »sich aufschwingen« können, »Schwung«, »Schwungkraft«: Eigenschaften des Engels, die mit der Flügelkraft zusammenhängen. Das ist das erste, was das Bild des Flügels sagen kann.

Die Flügel ermöglichen dem Vogel aber auch ein Leben im Lichte, ja oft geradezu, wie wir oben andeuteten, mit dem Licht. Auch diese Tatsache weist auf eine höhere Wirklichkeit hin: auf das gesteigerte Bewußtsein, das die Engel haben, mit dem sie im Lichte, in der Klarheit der höheren Welt und der sie durchdringenden Gottheit leben können. Ihr Bewußtsein ist nicht nur weiter als das menschliche – so wie ein Vogel aus der Höhe das Irdische umfassender und ungehinderter »überblickt« – es ist auch heller, klarer, reiner und durchlässiger, und es lebt selbst im Lichte jenes göttlichen Bewußtseins, das die Welt mit Weisheit und Sinn erfüllt. Mit dieser Weisheit, diesem Sinn allen Daseins weiß sich der Engel unmittelbar verbunden.

Aufschwungskraft, Weite und Größe im Erleben der Welt und des eigenen Wesens einerseits und Klarheit des Bewußtseins, welche alle menschliche Bewußtseinskraft weit überragt, andererseits: das sind die ersten Elemente, die wir dem Bilde des Flügels ablauschen können. (Natürlich sind in anderer Hinsicht die Engel nicht unmittelbar mit dem Wesen der Vögel zu vergleichen; denn dem Engel fehlt nicht – wie dem Vogel – die Möglichkeit, in die Welt tätig und »handelnd« »einzugreifen« – was im Bilde so erscheint, daß der Engel nicht wie der Vogel nur Flügel, sondern auch Arme und Hände hat.)

Um noch eine weitere Aussage zu begründen, sei an eine menschliche Erfahrung angeknüpft. Auch an Menschen kann man manchmal erleben, daß sie »Flügel« haben. Ich erinnere mich an manche Momente bei Vorträgen oder Predigten von Emil Bock: Wenn die Rede an einen Höhepunkt gelangte und die Kraft der Stimme sich steigerte, war es, als wüchse die Gestalt des Redners über sich hinaus, als bekäme sie Flügel, als öffne sich der Raum hinter ihr und der Atem der Ewigkeit wehe in die Worte hinein und durch sie hindurch in die Herzen der Hörer. Da war Weite und Größe, da war Schwungkraft des Geistes, da war der Hauch der Ewigkeit, wie aus dem Unendlichen hinter dem Sprechenden in den Raum einströmend. Etwas davon lebt wohl in jeder guten Rede; wo dieses Element sich steigert, kann man etwas erleben von der Flügelkraft des Geistes, der in unsere Welt hereinwehen will, für die der Mensch ein Bote wird.

Auf manchen Verkündigungsbildern wurde der Engel von dem Maler so dargestellt, daß die Bewegung des Engels im Schwung der Flügel, im Wehen der Gewänder noch sichtbar ist: Man sieht die Bewegung aus der Ewigkeit in den Erdenraum hereindringen, in dem die Maria sich befindet. Der Engel hat die Ewigkeit, die Unendlichkeit, aus der er kommt, gleichsam hinter sich; und seine Flügel sind dafür das sichtbare Bild.

Von daher verstehen wir vielleicht, daß gesagt werden kann: Eigentlich hat jeder Mensch Flügel, sie sind nur verborgen. Und in manchen Momenten wachsen diese Flügel – geistig – wieder: Dann öffnet sich der Raum der Ewigkeit hinter dem Menschen, er kann sich fühlen wie mit Flügeln begabt, wie ein Bote des Ewigen, der aus einem höheren Bereich in das Irdische hereinspricht; und »Engel« heißt ja wörtlich: »Bote«, Bote der Ewigkeit.

So kommen wir zu einer noch tieferen Deutung des Bildes vom Flügel. Der Engel lebt nicht nur wie wir Menschen in einem »vorder-gründigen« Bewußtsein; er lebt gleichsam aus einer Welt heraus; er hat die Ewigkeit »hinter« sich, aber nicht so, daß er von ihr getrennt wäre, sondern so, daß sie ihn sendet, daß er in seinem Wesen ein Teil der Ewigkeit selbst ist. Die Engel leben aus, in und mit dem Atem der Ewigkeit, aus, in und mit der Schwungkraft des Geistes, der die Welt durchdringen will.

So wird uns das Bild des Flügels zum Ausdruck einer höheren Wirklichkeit, zur »Imagination«, in die wir uns einfühlen können und an der wir etwas vom Wesen des Engeldaseins erfassen lernen. Der Wesensbereich, der über unserem eigenen Dasein liegt, beginnt an solchen Bildern verständlich zu werden.

Die Augen der Engel
Bewußtsein und Liebe

Im vorigen Kapitel, als wir über die Flügel der Engel als Bild einer höheren Wirklichkeit sprachen, hat uns schon die Bewußtseinsart der Engelwesen beschäftigt, die gegenüber dem menschlichen Bewußtsein höherer, umfassenderer Natur sein muß; denn unser Erdenbewußtsein ist erdgebunden, und irdische Vorstellungsmöglichkeiten sind begrenzt; solche Bindung und Begrenzung kennt das Bewußtsein der Engel nicht – es ist frei und ungebunden vom Irdischen. (Es wird gleich näher erörtert werden, was das bedeutet).

Auf vielen alten Engeldarstellungen findet man nun die Flügel höherer Engel über und über mit *Augen* bedeckt, wie es im Alten Testament (Hesekiel 10) von den Cherubinen geschildert wird. Welche Wirklichkeit will sich in solchen Darstellungen aussprechen? Das Bild der vielen Augen auf den Flügeln des Cherubs weist auf eine Bewußtseinsart, die nicht nur klar, rein, umfassend ist, sondern die vor allem im Anschauen der Gottheit lebt und im Durchschauen der Welt; eine Bewußtseinsart, von der die tieferen Schichten des Daseins durchdrungen und bewußt durchschaut werden können. Eine solche Bewußtseinsart, die bei den Cherubinen voll ausgebildet ist, haben in gewisser Weise auch die Engel, auch sie leben im Anschauen – im Schauen der Gottheit, aber auch im Anschauen und Durchschauen der Welt und des Menschen.

Jeder Mensch hat wohl eine Erfahrung davon, was es bedeuten kann, dem ruhig schauenden Blick eines anderen Menschen zu begegnen. Unendlich viel kann in einem solchen Blicke liegen, unendlich viel kann er auch in dem, der angeschaut wird, bewirken. Es wird manchmal erzählt, wie es war, Rudolf Steiner unter die Augen zu treten, seinem schauenden Blick ausgesetzt zu sein, wenn man es wollte, in dem Gefühle: Dieser Blick geht durch und durch, vor ihm ist nichts verborgen; Scheu, Befangenheit konnte sich da der Seele mitteilen. Und doch: ganz anders war es, nun wirklich in die Augen dieses Mannes zu sehen – denn da blieb zwar das Gefühl, restlos durchschaut zu sein, aber gleichzeitig nahm man die Güte in diesem Blicke wahr, die das Erkennen und Durchschauen mit um so tieferer Liebe und Wesensbejahung verband.

An einer solchen Schilderung, die wohl für jeden wirklich großen Menschen gegeben werden könnte, mag etwas von dem deutlich werden, was in viel höherem Maße vom Blick des Engels gesagt werden kann: In seinem Anschauen leben *Erkennen* und *Liebe* zugleich. Wenn wir uns nun vorstellen, was zu allen Zeiten gefühlt worden ist, daß jeder Mensch einen Führer auf seinen Schicksalswegen hat, einen Engel, der mit ihm verbunden ist (Sokrates spricht von seinem »Daimonion«), dann dürfen wir uns das Wesen dieses Engels so vergegenwärtigen: sein Blick in reinem Anschauen in unser Wesen versenkt, uns durch und durch erkennend bis in die Tiefen und Untiefen unseres Seins; und doch mit unendlicher Liebe, mit unerschütterlicher Treue auf das blickend, was wir im tiefsten Grunde als ewige Individualität sind, die aus dem Wesen Gottes stammt. Schon von dem Blick eines Menschen kann unendlich viel Ermutigendes, Erweckendes, Erkraftendes ausgehen, und dies um so mehr, je mehr wir fühlen, daß er uns wirklich kennt und in diesem Kennen unser eigentliches Wesen bejaht. Wieviel stärkere Ermutigung, Erweckung, Erkraftung erfahren wir aus dem Blick unseres eigenen *Engels,* der mit unserem höheren Wesen verbunden ist, wenn wir auch nur etwas von diesem Blick, diesem Angeschautwerden zu ahnen beginnen. Dann erwächst in uns das Gefühl, daß nicht nur wir selbst wahrnehmen, sondern daß wir wahrgenommen werden, angeschaut mit der Schau-Kraft eines höheren Bewußtseins, das gleichsam viele Augen hat, und das zugleich schaut mit der ewigen Liebe des Geistes, die in solchem höheren Bewußtsein wirkt.

Wir können noch einen Schritt weiter gehen, wenn wir zu verstehen suchen, was im Bewußtsein des Engels lebt und inwiefern es umfassender ist als unser eigenes irdisches Bewußtsein. Bedenken wir, was z. B. in unserem Bewußtsein gegenwärtig ist als Erinnerung unserer zurückliegenden Erdenerlebnisse: Gegenüber den unendlich vielen Erfahrungen, Sinneswahrnehmungen, Gefühlen und Gedanken, die wir einmal gehabt haben, sind unsere bewußten Erinnerungen auf einen verschwindend kleinen Teil dieser Erlebnisse beschränkt. Erst im Tode, wenn die Lebensrückschau einsetzt, erfahren wir, daß *nichts* von diesen Erlebnissen verlorengegangen ist, sondern alles im leibbefreiten Dasein der Seele als Real-Erinnerung machtvoll vor das Bewußtsein treten kann.

Was unserer eigenen Erinnerung teilweise entzogen ist, lebt aber jederzeit in dem überschauenden, unbeschränkten Bewußtsein unseres Engels; er durchschaut nicht nur die Tiefen und Untiefen unseres Wesens, er überschaut auch alle Stationen unseres Lebens; vor seinem Blick liegt offen, was im vierten, im elften oder 26. Jahr sich in unserem Schicksal ereignet hat; er erinnert sich der Hoffnungen, Sehnsüchte, Ideale und der Kämpfe, Verzweiflungen, Dunkelheiten, denen wir hingegeben waren und die wir im Laufe unseres Lebens durchgerungen haben. Seine Aufgabe ist es ja, den Schicksalsausgleich und die Schicksalsmöglichkeiten, die in der Konsequenz unserer Erlebnisse, Handlungen und Wünsche liegen, herbeizuführen. Dazu bedarf er der vollständigen Überschau über unser Leben, ja sogar über das, was an Zukunftskräften und Zukunftsaufgaben in unserem Schicksal liegt, um aus der Überschau heraus täglich neu die Tatsachen in unser Leben einzuführen, die unser Schicksal in der richtigen Weise weiterbringen.

Indem wir uns dies vorstellen, erfassen wir noch tiefer das Bild von den mit Augen bedeckten Flügeln: In dem Schauen unseres Engels leben die unendlich vielen Tatsachen unseres Menschenlebens gleichzeitig. Und wir verstehen, was es heißt: Das Bewußtsein des Engels ist umfassender, klarer als das unsrige und ist unbeschränkt von irdischen Vorstellungsgrenzen.

Um diese Tatsache dem menschlichen Erleben noch etwas näherzurücken, sei auf folgendes hingewiesen: Schon im Umfang des *menschlichen* Bewußtseins gibt es bedeutende Unterschiede. Mancher Mensch kommt sein Leben lang nicht über die Erfahrungen seines unmittelbaren Umkreises hinaus, sein Bewußtsein ist entsprechend begrenzt; ein anderer Mensch dagegen entfaltet ein umfassendes Weltbewußtsein, in dem viel vom Reichtum des Lebens enthalten ist. Umfang und Differenzierung des menschlichen Bewußtseins zeigen so schon große Verschiedenheiten. Aber auch in der Kraft der Überschau gibt es gewaltige Unterschiede. Als vor einigen Jahren der Kampf um die Weltmeisterschaft im Schachspiel ausgetragen wurde, war in den Zeitungen manches über die Bewußtseinsart eines Schachgenies zu lesen. Man konnte erfahren, wie die Überlegenheit eines Schachspielers in zweierlei besteht: in der überschauenden Voraussicht und in der Kraft, diese Überschau auch bei äußerster Nervenbelastung während des Spieles aufrechtzuerhalten. Bereits ein guter Schachspieler kann einige Züge im voraus und die damit verbundenen Möglichkeiten in Zug und Gegenzug für sich und den Gegner im Bewußtsein haben. Je weiter diese Vorausschau geht und je genauer er die sich mit jedem Zug vervielfachenden Möglichkeiten übersieht, desto besser wird er spielen. Ein *Genie* im Schachspiel zeichnet sich nun dadurch aus, daß sein Bewußtsein durch Veranlagung und Schulung nicht nur einige wenige, sondern eine große Anzahl von Zügen im voraus klar überblicken und das eigene Spielverhalten in die weit vorausgeplante beste Richtung bringen kann; darin ist ein Schachspieler sogar einem Computer überlegen.

Eine solche Kraft der Überschau – hier allerdings auf einem ganz speziellen Felde – ist erstaunlich; sie zeigt, welche Spannkraft dem menschlichen Bewußtsein im Grunde schon möglich ist. Noch deutlicher wird dies, wenn wir das für die Geisterkenntnis entwickelte und geschulte Bewußtsein des Eingeweihten bedenken; als Beispiel sei noch einmal ein Erlebnis mit Rudolf Steiner berichtet:

Eine Lehrerin fragte Rudolf Steiner, was sie für die Vorbereitung ihres Unterrichts tun könne; er antwortete, sie solle versuchen, jedes einzelne Kind ihrer Klasse am Morgen einen Moment in der Vorstellung lebendig vor sich zu haben und sich so mit dem Wesen der Kinder zu verbinden.

Wer ähnliches selbst einmal versucht hat, weiß, wie schwer eine solche Übung ist, wenn sie nicht abstrakt sein oder zuviel Zeit beanspruchen soll; erst nach längeren Versuchen erkraftet sich das Bewußtsein so weit, daß die Überschau in einem Moment möglich wird. Die Lehrerin kam denn auch bald wieder zu Rudolf Steiner und klagte ihm, daß sie mit dieser Übung nicht zurechtkäme; er antwortete ihr: Was wollen Sie, ich habe jeden Morgen die *ganze* Schule vor mir! (Die Waldorfschule in Stuttgart hatte damals schon mehrere hundert Schüler.)

Aus diesen beiden Beispielen mag erhellen, wir stark das menschliche Bewußtsein gesteigert werden kann. Von daher ist ein Ansatzpunkt gegeben für die Vorstellung, wie der Engel aufgrund seines durch keinen irdischen Leib begrenzten, völlig freien Bewußtseins das Menschenschicksal gänzlich bis in alle Einzelheiten zu überschauen vermag.

Die Augen der Engel schauen unser Wesen und unser Schicksal an; ihr Blick ist durchschauend und überschauend. Aber er hat nicht nur Erkenntnis, sondern in dieser Erkenntnis lebt die Liebe, ja die Treue zu unserem eigentlichen Wesen und zu der Aufgabe, die unser Wesen mit der Welt verbindet.

Himmlische Musikanten

Noch ein anderes Bild tritt uns in den mittelalterlichen Darstellungen der übersinnlichen Wesen immer wieder entgegen: das der musizierenden Engel. Der protestantische Theologe Karl Barth hat einmal in liebenswerter Art dieses Bild der himmlischen Musikanten aufgegriffen. Er sagte: Wenn ich mir vorstellen soll, was die Engel in der Gegenwart des Herrn wohl musizieren, dann kann ich mir nur denken: Sie spielen *Bach*. Wenn sie aber *unter sich* sind, dann spielen sie gewiß *Mozart!* Spricht sich auch im Bilde der musizierenden Engel – wie im Bilde der Flügel und der vielen Augen – etwas aus, das auf eine geistige Wirklichkeit hindeutet?

Erinnern wir uns an große musikalische Erlebnisse: Der Konzertsaal hat sich gefüllt; die Gespräche verstummen; Stille tritt ein. Dann die ersten Takte der Symphonie: Und wenn es sich jetzt um ein bedeutendes Werk der Musik handelt, kann man sehr bald das Erlebnis haben, wie die ganze Zuhörerschaft von einer Macht ergriffen wird, die aus einem anderen Bereich in das Irdische hereintönt.

Denn Musik gibt es nicht auf der Erde, in der Natur; sie kann sich nur durch das Schaffen des Menschen im Irdischen offenbaren, ist aber selbst nicht irdisch. Bei guten Konzerten kann man immer wieder das Erlebnis haben, wie sich der Himmel über den Zuhörern zu wölben und zu öffnen beginnt und geistig Schöpferisches in den irdischen Raum hereindringt, von den Seelen der Menschen aufgenommen. Da klingt etwas geistig Wirksames in die Erdenwelt herab: die Menschenseele harmonisierend, tröstend, beruhigend, aber auch erweckend, kräftigend, ja erschütternd. Und was da wirkt, es ergreift, beseelt und durchgeistet eine ganze Menschengemeinschaft und bedeutet für viele Menschen eine unmittelbare Geistberührung und Seelennahrung. Was wäre die heutige Menschheit und unsere Kultur ohne die Musik!

Wir sehen: Recht verstanden und erlebt ist Musik nicht schöner Schein, ästhetischer Überbau eines überflüssigen Kulturstrebens. Sie ist Offenbarung geistiger Schöpferkraft, durch

Menschen bewirkt und vermittelt. Und als solche kann sie erlebt werden. An der Musik vermögen wir zu ahnen, wie geistig Schöpferisches dauernd in die Erdenwelt einfließt, wie die Weltenkräfte selbst harmonisch und dissonant, in Spannung und im Ausgleich der Spannung, in das irdische Geschehen hereinklingen und es dadurch bilden und impulsieren.

Das Bild dafür erscheint in den musizierenden Engeln: Von der Engelwelt »klingen« dauernd schöpferische Impulse in die Welt und in die Menschenseele herein. Uns diese Impulse in großer Vielfalt und Verschiedenartigkeit vorzustellen, dazu regt uns die oben erwähnte Bemerkung Karl Barths an. Wir können uns die Engelwelt in dauernder Tätigkeit denken – wie die Musiker eines Orchesters; nur gehen von ihr nicht *Töne,* sondern *Kräfte* aus, die aber aufeinander »abgestimmt« sind wie die Klänge einer Symphonie und wie eine Symphonie die Erdenwelt und Menschenseelen »in Schwingung«, in innere Bewegung versetzen; und die einem geheimen Dirigenten unterstehen, der nach einer nur im Himmel bekannten Komposition das himmlische Orchester leitet. Aber wer weiß – vielleicht entstehen auch dauernd neue Kompositionen, die am Ende der Welt zusammen das gewaltige Musikwerk des Erdenwerdens darstellen? Und vielleicht können auch die »Melodien«, die »Klänge«, welche aus dem Ringen und Schaffen der Menschen sich bilden, einst in diese kosmische Gesamtkomposition aufgenommen werden?

Ein himmlisches Musikinstrument wird im Neuen Testament bedeutungsvoll hervorgehoben: die Posaune. »Beim Schall der Posaune...« – Auferstehung der Toten, Jüngstes Gericht ereignet sich; so schildert es Paulus. Oder denken wir an die sieben Posaunen der Apokalypse, die von Engeln geblasen jeweils eine neue Epoche des Erdenwerdens einleiten.[7] Auch hier ist natürlich wiederum nicht ein äußeres Musikinstrument und ein äußerer Klang gemeint – so als würde ein Engel mit einer Posaune in der »Hand« am Himmel erscheinen. Vielmehr müssen wir uns das äußere wieder in ein inneres Erlebnis übersetzen, um den Wahrheitsgehalt des Bildes zu finden. Der Klang der Posaune kann schon im äußeren Erleben erschütternd, das Innerste, das »Mark« des Hörers ergreifend, wirken. So gehen von Zeit zu Zeit gewaltige Impulse und Kraftwirkun-

---

[7] Vgl. hierzu Emil Bocks Bemerkungen in seinem Buch *Apokalypse* Stuttgart 1951, im Kapitel ›Posaunen und Harfen‹.

gen von der Engelwelt aus, die das Innerste des irdischen Geschehens ergreifen und impulsieren – wie Posaunenklänge die Weltgeschichte durchtönend. Der gewaltigste dieser Klänge wird am Ende des Erdenwerdens anheben, wenn die Erde und die Erdenmenschheit zu neuen Daseinsgebieten hinübergeführt werden müssen. Dabei müssen machtvolle Wirkungen in der Engelwelt erregt und ins Irdische heruntergeleitet werden. Als Bild dafür kann allein die Posaune, nicht z. B. die Geige oder Flöte dienen. In diesen Instrumenten würden sich andere Geistwirkungen ausdrücken.

Ein anderer Aspekt gehört noch zum Bilde der musizierenden Engel hinzu; er berührt unsere Fähigkeit, Sinneswahrnehmungen auf verschiedene Art, vor allem durch das Auge und das Ohr, aufzunehmen. Dabei berühren diese Sinneswahrnehmungen auch auf verschiedene Art unser Inneres. Das Gesehene bleibt mir – im wesentlichen gesprochen – äußerlicher, das Gehörte »geht in mich hinein«, es dringt tiefer ins Innere! Wie ein Bild dafür ist es auch, daß das Gehörorgan nicht wie das Auge nach außen gerichtet, sondern im Innern der Kopforganisation angelegt ist.

Auf der tiefer, innerlicher in die Seele des Menschen eindringenden Kraft des Tones und Lautes beruht die tiefe Wirkung der menschlichen Sprache und vor allem auch der Musik. Wenn also die Engel als »Musikanten« (und nicht als Maler z. B.) erscheinen, so dürfen wir dieses Bild auch noch dahin deuten: Es sind damit nicht Wirkungen gemeint, die dem Menschen äußerlich bleiben, sondern die ihn von innen her bilden – in Stimmungen, Willensimpulsen, in Inspirationen usw. *in ihm* wirken; die aber auch in den Weltereignissen nicht von außen, sondern innerlich wirkend unablässig tätig sind.

Was Goethe von der Gottheit sagt:

Was wär' ein Gott, der nur von außen stieße,
Im Kreis das All am Finger laufen ließe!
Ihm ziemt's, die Welt im Innern zu bewegen,
Natur in sich, sich in Natur zu hegen ...

das gilt zunächst vor allem auch für das Engelwirken. Unsere eigene Seele und die ganze Welt in dieser Art mit dem himmlischen Orchester und seiner Musik verbunden zu denken, gehört wohl zu den schönsten und zugleich richtigsten Vorstellungen, die wir uns über die Engel machen können.

Menschenschicksal – Engelschicksal

Bisher haben wir vor allem auf dreierlei hingeblickt, um die Wirklichkeit der Engel zu verstehen: auf ihr *Wesen,* das unmittelbar aus dem »Atem der Ewigkeit« lebt und daher nicht den Schwankungen und Trübungen des Augenblicks unterworfen ist; auf ihr *Bewußtsein,* das – unbeschränkt vom Irdischen – durchdringend und umfassend genannt werden muß; auf ihr *Tun,* das schöpferisch, impulsierend in unser Inneres und in die Welt hineinwirkt. Im Bild der *Flügel* wurde uns die Aufschwungskraft und Ewigkeitsbeziehung der Engel anschaubar; im Bild der vielen *Augen* auf ihren Flügeln ihre dem Menschlichen gegenüber ungeahnt gesteigerte Wahrnehmungs- und Bewußtseinskraft; als *Musikanten* erfahren wir sie in ihrer Tätigkeit, die Weltentwicklung als sinnvolle kosmische Komposition zu entfalten.

Nun aber soll noch auf eine andere Seite der Engelwesen hingedeutet werden, die nicht in einem Bild erscheint, die man aber immer in dem Wort vom »Schutzengel« ausgedrückt hat: Es ist die Beziehung des Engels zum Menschen.

Wir haben schon davon gesprochen, daß sich das Bewußtsein der Engel (und wir meinen damit die Wesen, die unmittelbar über dem Menschen stehen, also das unterste Reich der neun Hierarchien bilden) vor allem auf das Schicksal der ihnen anvertrauten Menschen bezieht. In manchen Augenblicken unseres Daseins blitzt etwas davon in uns auf, dann ahnen wir: Eine höhere Weisheit begleitet uns, eine höhere – ganz unsentimentale, aber um so wahrere – Liebe umhüllt uns. Der Gedanke, daß jeder Mensch einem Engelwesen, seinem Schutzengel, anbefohlen ist, war in alten Zeiten so lebendig, weil er eine Wirklichkeit darstellte und – bis hin zu Momenten echter »Wahr«-nehmung – als wirklich erlebt wurde. Eines der schönsten Zeugnisse dafür haben wir im Alten Testament, im Buch Tobias, in welchem die Erscheinung des Erzengels Raphael geschildert wird, der – zunächst unerkannt – als Wegbegleiter den jungen Tobias durch alle Gefahren einer weiten Reise hindurchführt.

Im Neuen Testament spricht Christus selbst von den Engeln der einzelnen Menschen, wenn er (Matthäus 18) von den Kindern sagt: »Ihre Engel schauen allezeit das Angesicht meines Vaters in den Himmeln.«

Aber auch im Griechentum finden wir ähnliche Erfahrungen: Sokrates spricht von seinem »Daimonion«, seinem »Genius«, dessen Mahnung ihm in gewissen Augenblicken seines Schicksals erlebbar wurde.

Auch heute gibt es vereinzelt Menschen, die ein Bild ihres Engels gesehen oder geahnt haben oder die ein deutliches, konkretes Bewußtsein von ihm in sich tragen.

Wohl niemand hat dies so wie Christian Morgenstern in Worte fassen können:

Du Weisheit meines höhern Ich,
die über mir den Fittich spreitet
und mich vom Anfang her geleitet,
wie es am besten war für mich, –

Wenn Unmut oft mich anfocht: nun –
Es war der Unmut eines Knaben!
Des Mannes reife Blicke haben
die Kraft, voll Dank auf Dir zu ruhn.

Es wird später noch davon zu sprechen sein, wie der heutige Mensch wieder beginnen kann, etwas vom Wirken des Engels in seinem Schicksal zu erfahren. Zunächst soll uns beschäftigen, was es für das Erleben des Engels selbst bedeuten mag, einem Erdenmenschen verbunden zu sein.

Die Verbindung unseres Engels mit uns ist wesenhaft, existentiell, das heißt: Wohin wir uns wenden, was wir tun – wir sind selbstlos begleitet von dem Bewußtsein des Engels. Wir haben schon zu beschreiben versucht, wie der Blick unseres Engels unser Erdenschicksal vollkommen überschaut, wie er unsere Erlebnisse, Erfahrungen, Schicksalsschritte in allen Einzelheiten in einer Art »höherer Erinnerung« bewahrt und aus der Überschau heraus uns jeweils in die Schicksale hereinführt, die uns notwendig sind. Das Wirken des Engels für den Menschen ist also vor allem ein Schicksals-Wirken, ein Bilden und Gestalten an dem, was uns Menschen »trifft«, ein Hinführen zu den Ereignissen und Menschenbegegnungen, die wir brauchen, ein »Ein-geben« und Inspirieren von Stimmungen,

Gedanken, »Ein-fällen« und Willensregungen, die unser Schicksal weiterbringen.

Es wäre falsch, sich dabei ein starres Bild vom Schicksal zu machen, so als sei unser Schicksalsweg eine »Einbahnstraße« mit dem Verbot, rechts und links abzubiegen. Gewiß liegt unseren Erdenerlebnissen ein vorgeburtlicher Entschluß zugrunde, den wir selbst – im Zusammenwirken mit dem Schicksalsführer, dem Engel – gefaßt haben. Darin mögen die wesentlichen und notwendigen Ereignisse unseres Lebens festgelegt sein – so etwa wie für ein Gemälde eine erste Skizze angelegt wird oder wie man sich für ein wichtiges Vorhaben Leitlinien des Handelns vornimmt. Aber: *wie* das Schicksal im einzelnen verläuft, *wie* wir es bewältigen, ja selbst: *ob* wir manchen Notwendigkeiten nicht ausweichen und abirren von dem, was unser Lebensplan ist, – darüber entscheidet der einzelne Mensch im jeweiligen Vollzug seines Lebens selbst.

Der Engel aber sieht auf das, was an jedem Tag notwendiges Ereignis für uns sein soll – aus der Folge alles dessen, was wir früher getan und erlebt haben. Er muß korrigieren und nachhelfen, wenn wir Gelegenheiten ungenutzt lassen oder Seitenwege beschreiten. Wie oft werden uns Möglichkeiten geboten aus dem Schicksal heraus, die wir nicht ergreifen oder nicht bemerken; aus Überschau und Schicksalsweisheit schafft unser Engel neue Möglichkeiten – bis wir endlich verstehen, was das Schicksal fordert, oder bis ein Schicksalsschlag uns zur Besinnung ruft.

Darin also müssen wir eine erste wesentliche Aufgabe des Engels sehen: zu wirken in dem, was uns »zufällt« und »einfällt«, und zwar so, daß darin die richtige Konsequenz unserer eigenen Taten aus früherer Zeit, auch vielleicht aus früheren Erdenleben, liegen kann. Wir ahnen, welch ungeheure Weisheit damit verbunden sein muß, aber auch, welche Beweglichkeit im Bereich der Schicksalskräfte gerade in unserer chaotischen Zeit notwendig ist, die Schicksalsfäden zu entwirren oder neu zu knüpfen; da mögen heute die Engel »alle Hände voll« zu tun haben.

Aber noch etwas anderes ist ja mit solchem Bilden und Gestalten an unserem Schicksal verbunden: Es ist immer ein *Mit*-gehen unseres Engels mit unseren Schritten nötig, ja sogar ein *Ein*-gehen auf alles, was unser Wesen und Wollen ist. Ohne daß sich der Engel wesenhaft existentiell mit dem einzelnen Menschen verbindet, den er führen will, und ihm auf seinen Wegen folgt – bis in Abgründe hinein, die heute viele Menschen zu durchschreiten haben; ohne dies wäre nur eine Leitung und Führung von außen möglich. Erst dadurch, daß sich das über uns stehende Engelwesen »ein-läßt« auf das, was in uns und was unter uns ist, mit dem wir verbunden sind, entsteht jene intime, innerlichste Beziehung zwischen dem Menschen und seinem Engel. Wir fühlen nun auch, daß es in dieser Intimität der Wesensbeziehung begründet liegt, daß jeweils *ein* Engel *einem* Menschen zugeordnet ist.

Wir sehen: Das Schicksal des Engels ist in dieser Art eng mit dem Schicksal des Menschen verbunden. Nicht in einsamer Höhe leben die Wesen des Engelreiches über uns – sie neigen sich gleichsam zu uns herab, beugen sich, um uns zu dienen, zu helfen, uns zu begleiten. Und dieses Dienen, Helfen, Begleiten ist ganz gewiß für sie auch ein Opfer; denn unser Schicksal ist heute weithin vom Dunkel der Leidenschaft und Erdentragik durchdrungen – Elemente, die dem Engel unrein und schmerzhaft erscheinen müssen, so etwa wie es für einen edlen Menschen eine Qual sein kann, mit einer »niedrigen« Gesinnung konfrontiert zu werden.

Paulus mag auf diese tiefe Beziehung zwischen Menschen- und Engelschicksal mit einem dunklen Wort des 1. Korintherbriefes hingewiesen haben, wo er sagt, »daß wir über die Engel richten werden« (Kapitel 6, 3). Das Wort »richten« hat im griechischen Urtext auch die Bedeutung von »eine Entscheidung herbeiführen«; so übersetzt kann dieses Pauluswort im Sinne der tiefen Schicksalsverbundenheit zwischen Mensch und Engel verstanden werden: Das Verhalten des Menschen entscheidet schließlich in einer tiefen Weise auch das Schicksal des Engels mit; so tief sind Mensch und Engel miteinander verbunden.

Friedrich Hölderlin hat in einem seiner schönsten Gedichte die Daseinsweise der höheren Wesen so gekennzeichnet:

Ihr wandelt droben im Licht
Auf weichem Boden, selige Genien!
Glänzende Götterlüfte
Rühren euch leicht,
Wie die Finger der Künstlerin
Heilige Saiten.

Schicksallos, wie der schlafende
Säugling, atmen die Himmlischen;
Keusch bewahrt
In bescheidener Knospe,
Blühet ewig
Ihnen der Geist,
Und die seligen Augen
Blicken in stiller
Ewiger Klarheit ...
        (Aus Hyperions Schicksalslied)

Der Zauber dieser Zeilen kann einen tief anrühren; und
vielleicht gilt, was Hölderlin hier sagt, für die höheren Bereiche
der Hierarchien. Die *Engel* aber, die mit uns gehen, nehmen an
den Menschenschicksalen teil. Nicht »schicksallos« ist ihr Weg,
und gerade heute reicht manche Tragik aus dem Erdensein weit
hinauf in die Engelreiche. Nicht gleichgültig kann den Engeln
bleiben, was Menschen auf Erden tun; denn ihr Wesen ist mit
dem Menschenschicksal zutiefst verbunden. Menschenschicksal wird zum Teil des Engelschicksals. Wer das für sein eigenes
Schicksal bedenkt, wird seinem Engel gegenüber anders fühlen
lernen.

Die Engel der Gemeinden

In den bisherigen Kapiteln war vor allem vom Wesen *der* Engel die Rede, die einem einzelnen Menschen zugeordnet sind. Sie tragen Ewigkeitsimpulse zu dem einzelnen, den sie durch lange Zeiten hindurch führen, dessen Schicksal und Wesen sie überblicken und durchschauen.

Die »Offenbarung des Johannes« zeigt uns, daß es im Bereich der Engelwesen jedoch auch solche gibt, die nicht einen einzelnen, sondern Gemeinschaften führen: *die Engel der Gemeinden.* »Dem Engel der Gemeinde zu Ephesus... zu Smyrna... zu Pergamon... schreibe!« Die Engel der sieben kleinasiatischen Gemeinden werden in der Offenbarung als konkrete Geistwesen angesprochen (Apokalypse 2 und 3), die ein Schicksal haben und einen Willen, den sie mit dem Christuswirken verbinden sollen.

Wir blicken hier gleichsam auf eine höhere Stufe der Engelwelt. Es handelt sich um Engel, die schon eine höhere Macht, einen »größeren Radius« des Wirkens besitzen und die dadurch fähig sind, da, wo sich christliche Gemeinden bilden, zum Führer einer solchen Menschengruppe zu werden. Aber nicht nur eine höhere Macht mag solchen Engeln eignen, sie werden sich auch durch eine besondere Nähe zum Wirken des Christus auszeichnen, sie werden gleichsam seine besonderen Boten sein. Denn seinen Willen sollen sie ja in das Leben der ihnen anvertrauten Gemeinschaften überleiten.

Im Alten und Neuen Testament gibt es die Vorstellung des Engels »der vor Gott steht« und des Engels »des Herrn«; solche Vorstellungen weisen uns darauf hin, daß es auch in der geistigen Welt »Nähe« und »Ferne« gibt – wenn auch nicht in einem nur »äußeren«, sondern in innerem Sinne: Wie wir auch sonst von einem Menschen sagen können, »er steht mir nahe«, auch wenn er äußerlich gar nicht anwesend ist. So sagt ja der Christus im Matthäus-Evangelium von den Kindern: »Ihre Engel in den Himmeln sehen allezeit das Angesicht meines Vaters in den Himmeln« (Matthäus 18, 10).

Wir können uns die Engel der Gemeinde als solche denken,

die einer besonderen inneren Nähe des Christus teilhaftig sind, »allzeit sein Antlitz sehen« und deshalb die Vollmacht besitzen, etwas von seinem Wirken in die ihnen anvertraute Gemeinschaft hineinzutragen: als »dienstbare Geister, ausgesandt, um den zukünftigen Erben des Heiles zu dienen« (Hebräerbrief 1, 14).

Während die Engel des einzelnen Menschen das Schicksal und den Schicksalsausgleich für diesen einzelnen herbeiführen und begleiten, fällt den Engeln der Gemeinden eine andere Aufgabe zu: die Herzen und Gedanken der an der Gemeinde beteiligten Menschen zu einer höheren Einheit zusammenzuführen, so daß sie sich gemeinsam zu einer höheren Kraft erheben können.

Wir werden im zweiten Teil des Buches, im Kapitel ›Ein Einzelner hilft nicht‹ noch ausführlicher auf dieses Motiv zu sprechen kommen. Hier aber sei schon hervorgehoben, wie sehr die höheren geistigen Wirkungen damit zusammenhängen, daß sich Menschen in Gemeinsamkeit ihnen frei zur Verfügung stellen. So war zu allen Zeiten und in allen Völkern Gottesdienst eine Gemeinschaftsangelegenheit; man wußte, daß nicht ein einzelner die Kraft aufbringen kann, die im gottesdienstlichen Handeln leben soll; daß diese Kraft aber sofort wirksam wird, wenn viele zusammenwirken. Dann entsteht aus dem Zusammenwirken der vielen etwas, das *mehr* ist als nur die Summe der Einzelkräfte: Es entsteht etwas, durch das hindurch auch ein Höheres, ein Göttliches sich zu offenbaren vermag, welches die Kraft des einzelnen überragt.

In dem Willen, Menschen in diesem Sinne zusammenzuführen und zusammenwirken zu lassen, lebt der Engel einer Gemeinde; wie der Engel eines einzelnen Menschen das »Wohl und Wehe« seines Schützlings im Auge hat und ihn dabei auch durch Prüfungen hindurchführt, so der Gemeindeengel das Schicksal seiner Gemeinde; er wirkt in dem, was als Einklang unter den Menschen entstehen soll, was aber auch zu Prüfungen und Aufgaben im Leben einer Gemeinde führen wird. Und er verbindet sein Wirken auch mit einer bestimmten Stadt, einer Landschaft, um das, was von dem religiösen Leben einer Gemeinde ausgeht, in richtiger Art in das Leben der Umgebung einzufügen.

Vor allem aber lebt der Engel einer Gemeinde im Vollzug des Kultus und der Sakramente. – Auch davon spricht in einer eindrucksvollen Weise die »Offenbarung des Johannes« (Apokalypse, Kapitel 1) gleich am Anfang mit der Erscheinung des Menschensohnes, des Christus. Indem die Christus-Erscheinung »inmitten« der goldenen Leuchter zur Offenbarung kommt, beginnt die Apokalypse sogleich mit einem *kultischen* Bilde; in jedem wahren Gottesdienst erscheint ja der Christus dort, wo die Leuchter auf dem Altar entzündet werden; auch im jüdischen Tempeldienst wurde die Gegenwart Gottes dort geahnt und angebetet, wo der siebenarmige goldene Leuchter den Innenraum des Tempels, »das Heilige«, erleuchtete. So werden wir am Beginn der Apokalypse in die Nähe des himmlischen Altares gerückt – auch wenn dies nicht ausdrücklich ausgesprochen ist –, in die Nähe des himmlischen Kultus und damit in die Nähe des Christus selbst. In der rechten Hand Christi aber – die *rechte* Hand ist, im Unterschied zur linken, Sinnbild der Schaffenskraft und Herrschergewalt – leuchten sieben Sterne.

Noch tiefer dringen wir in dieses eindrucksvolle Bild ein, wenn wir zum Schlußvers des ersten Kapitels übergehen (Apokalypse 1, 20); da heißt es:

»Dies ist das Geheimnis der sieben Sterne, die du gesehen hast in meiner rechten Hand, und der sieben goldenen Leuchter: die sieben Sterne sind *die Engel* der sieben Gemeinden, und die sieben Leuchter, die du gesehen hast, sind die *sieben Gemeinden* selbst.«

Wie die Sterne in der Hand des Christus sind die Engel der Gemeinden; mit dem Bilde des Sternes verband sich damals nicht wie für uns heute die Empfindung des »weltenfernen« Daseins, sondern des im Menschen-Schicksal wirkenden Ewigen, des »Schicksalssternes«, der aus dem Göttlichen leuchtet; er erscheint hier in der Hand des Christus.

Das heißt doch: Im Vollzug des irdischen und des himmlischen Kultus – von dem aller irdischer Kultus ein Abglanz ist – leuchtet der Stern, der *Engel der Gemeinde,* in dem Christus-Wesen auf. Er erscheint »in der rechten Hand« Christi, verbunden mit seiner Schaffensmacht und Herrschergewalt. Dieses Wahrbild kann uns zu der Wirklichkeit jedes Kultus erwecken: wie im Vollzug des Gottesdienstes, der Sakramente, der Engel der Gemeinde, verbunden mit dem Christus, schaffend lebt; ja wie er aus dem kultischen Handeln heraus für sich selbst immer neu die Kraft finden mag, in der richtigen Art die Gemeinde zu durchseelen, zu durchgeisten und gleichzeitig, was in der Gemeinde lebt, wie »ein Stern« über der Stadt, über der Landschaft, der er zugehört, ausstrahlen zu lassen.

So gehören das Bild der brennenden Leuchter auf dem Altar, das zugleich ein Bild für die feiernde Gemeinde ist, die Erscheinung des Christus am Altar und die mit ihm verbundene Gegenwart des Engels innerlich zusammen. Das Erdenlicht der Kerzen (der Gemeinde) – das Geisteslicht des Sternes (des Gemeindeengels) – das Sonnenlicht des Christus-Antlitzes: sie bilden das dreifache Licht, das über dem Altare leuchtet.

Die Erzengel
Führer der Völker

In diesem Kapitel wollen wir übergehen von der Sphäre der Engel zum Bereich der *Erzengel,* die eine Stufe über den Engeln stehen; sie bilden zusammen mit den Engeln und den »Urkräften« (griechisch: »Archai«) die »dritte Hierarchie«: Engel – Erzengel – Urkräfte.

Um sich ein Gefühl vom Wesen der Erzengel zu verschaffen, vergleiche man in Gedanken einen einzelnen Menschen oder eine Gemeinde mit einem ganzen *Volke.* Ein einzelner Mensch hat da einen vergleichsweise engen *Radius;* er hat ein persönliches *Schicksal.* Bei einem Volk ist dies alles auch vorhanden, nur in bedeutender Weise gesteigert; man stelle sich z. B. den gewaltigen Wirkens-Umkreis des britischen Volkes auf der Höhe seiner Weltherrschaft vor; man bedenke, was einmal an nachhaltigen Wirkungen von der Kultur Frankreichs ausgegangen ist. Es sind charakteristische Wirkungen mit den Völkern verbunden, die nicht *persönliches* Schicksal, sondern *Volks-,* oft *Menschheits*schicksal gestalten. Wie ein ganzes Volk mit seinem Volksschicksal gegenüber einem einzelnen Menschen einen umfassenderen Charakter hat, so hat ein Erzengel einen viel größeren geistigen »Radius«, eine viel größere Wirkenskraft und Schicksalsmacht als ein Engel. Die Wirkung eines Erzengels ergreift ein ganzes Volk und bestimmt ein Volksschicksal mit. Dazu gehört eine gesteigerte Geisteskraft, die erst ein Wesen errungen hat, das schon auf der Stufe der Erzengel steht.

Wir können das, was von der Wirklichkeit des einzelnen Engels und seiner Beziehung zum Menschen oder zu einer Gemeinde gesagt wurde, nun in entsprechender Weise auch für die Erzengel und ihre Beziehungen zu den einzelnen Völkern ausführen.

Im Bilde gesprochen: die Erzengel haben *größere Flügel* als die Engel. Das heißt: Ihr Wesen ist umfassender; sie können mehr »unter ihre Fittiche nehmen«; sie können aber auch in weitere Bereiche des Seins ihr Wirken erstrecken als die Engel. Und wenn wir bei den Engeln sagen konnten, daß im Bilde der

Flügel etwas angedeutet ist von dem »Raume der Ewigkeit«, in den sie wie in einen unendlichen Hintergrund mit ihrem Sein hineinreichen und aus dem heraus sie wirken, so gilt dies noch stärker von den Erzengeln: Mit ihrer noch umfassenderen Kraft reichen sie in tiefere Gründe der Ewigkeit hinein und tragen aus ihr ungleich weiterreichende Impulse in das Irdische als die Engel.

Damit aber ist auch ihre Bewußtseinskraft, ihre Überschau größer als die der Engel. Wir haben dieses Motiv *am Bilde der Augen,* welche die Flügel der Cherubine bedecken, entwickelt; nun können wir sagen: Am Blick der Engel gemessen, haben die Erzengel einen noch weiteren, noch umfassenderen Blick; denn ihr Bewußtsein steht dem der Cherubine näher, es lebt nicht nur im Wesen eines einzelnen Menschen, sondern im Wesen aller zu dem entsprechenden Volke gehörenden Menschen. Wir dürfen hier noch einmal an den Lehrer erinnern, der für eine Gruppe von Kindern verantwortlich ist; wenn er eine solche Gruppe über Jahre hin führt, ist er schließlich mit jedem einzelnen Kinde tief verbunden, lebt mit allen innerlich mit; er wird immer neu versuchen, die ihm anvertrauten Kinder von innen her zu verstehen, sich gleichsam mit ihnen zu identifizieren, um ihr Wesen immer tiefer zu erfassen.

In einem geistigeren und zugleich innerlicheren Sinne ist so das Verhältnis des Erzengels zu den Menschen seines Volkes zu verstehen; sein Bewußtsein ist eben noch umfassender, als wir es schon bei den Engeln kennengelernt haben. Rudolf Steiner schildert gelegentlich: So wie *wir* Sinneswahrnehmungen haben, Farben und Formen erleben, hat der *Erzengel* zu seinem Wahrnehmungsfelde die Seelen der Menschen seines Volkes, eine weite, außerordentlich differenzierte »Seelenlandschaft«, in der wie einzelne Zentren die Menschen-Iche aufleuchten. Und wie wir Menschen auf dem Felde *unserer* Sinneswelt wirken und in ihr arbeiten, so der Erzengel im Bereich *seines* Wahrnehmungsfeldes, im Bereich der Seelen und Iche der Menschen seines Volkes. Wir sind gleichsam »die Objekte, welche zu dem Arbeitsfelde der Erzengel gehören« (Rudolf Steiner).

War es uns vielleicht noch eben möglich, die Weite des Engelbewußtseins vorzustellen, so versagt unsere Vorstellungskraft, wenn wir die ungeheure Spannkraft des Erzengel-

Bewußtseins zu empfinden versuchen. Nur ahnen können wir noch, was es heißt, mit den Seelen eines ganzen Volkes, das nach vielen Millionen zählt, zu leben und in ihnen zu wirken. Noch mehr: die Seelen zu empfangen, die in diesem Volke geboren werden, und so zu durchdringen, daß »ein Deutscher«, »ein Engländer«, »ein Russe« mit den entsprechenden charakteristischen Seeleneigenschaften seines Volkstums sich entwickelt; und andererseits im Tode die Seelen zu entlassen und wieder einer höheren Macht zu übergeben, die mit Volkstum und Nationalität nichts mehr zu tun hat.

Wir haben alle bei unserer Geburt den »Einfluß« des Erzengels unseres Volkes erfahren; wir werden aber eines Tages aus seinem Bereich entlassen und steigen auf aus allen Volksbindungen in Gebiete »reiner Menschlichkeit«.

Der Erzengel lebt und bildet so in den Seelen-Strömen, die durch die Geburt in seinen Volksbereich einfließen und die sich mit dem Tode von seinem Volksbereich wieder trennen.

Noch an einer anderen Tatsache kann uns die ungeheure Bewußtseinsweite eines Erzengels deutlich werden. Wir haben davon gesprochen, wie im Bewußtsein eines *Engels* alle Lebensereignisse des ihm verbundenen Menschen gegenwärtig und klar überschaubar sind. Es lebt im Bewußtsein des *Erzengels* alles, was zum Schicksal seines Volkes gehört; die Volksgeschichte überschaut er, denn seine Aufgabe ist es, das Volksschicksal zu gestalten; er wirkt und bildet in den Menschen und Menschengruppen so, daß sie zu Trägern und Vollziehern des Volksschicksals werden können. Man muß nur verstehen, daß dieses Schicksal – ähnlich wie wir das beim Einzelschicksal angeführt haben – nicht automatisch abläuft, sondern mit den Abirrungen und mit dem Unvermögen der Menschen verbunden, weiten Raum für Tragik aller Art bietet. Es heben sich aus der allgemeinen Volksgemeinschaft immer wieder einzelne und Gruppen heraus, die in besonderer Weise zu Trägern des »Volksgeistes« – des Erzengels – werden können. Früher waren es meist die berufenen Führer eines Volkes – Könige, Fürsten –, die eine echte, legitime Verbindung mit dem Volksgeist hatten; heute muß der Erzengel andere Menschen suchen, um seine Impulse zur Geltung zu bringen. In solchen Menschen wirkt nicht nur ihr persönliches, sie werden in hervorragender Weise zu Trägern des Volksschicksals. Dabei handelt es sich nicht etwa nur um Menschen, die auf dem politischen Felde wirken; auch in allen anderen Lebensbereichen, vor allem auf geistigem Gebiet, sind die Inspirationen des Volksgeistes wirksam; sie erscheinen bei Künstlern, Schriftstellern, Philosophen usw. in vielfältiger Weise und gestalten die besondere Wesensart eines ganzen Volkstums mit.

In diesem Zusammenhang ist nun noch eine Bemerkung nötig, die in ähnlicher Weise wie für das Volksschicksal auch für das Einzelschicksal zu machen wäre: Auf die Wirksamkeit von Gegenkräften und *Gegenmächten,* die den Engeln und Erzengeln entgegenstehen und deren Tätigkeit zu durchkreuzen suchen, können wir erst im zweiten Teil des Buches eingehen. Es sei hier nur angemerkt, daß viele Ereignisse im Schicksal des Menschen und der Völker natürlich mit solchen Gegenwirkungen zu tun haben. Die konkreten Schicksalsfälle sind das Ergebnis von dreierlei Kräften: Es wirken in positiver Weise führend und inspirierend die Engel und Erzengel – ihnen stehen entgegen, ihre Absichten durchkreuzend, diese anderen Mächte – und schließlich sind die Menschen selbst mit ihren Fähigkeiten und Schwächen am Schicksalsgang beteiligt. Das Resultat ist ein Ringen um den richtigen Fortgang eines Einzel- oder Volksschicksals; in diesem Ringen stehen wir heute alle voll darinnen. Und mehr und mehr wird es sogar von dem Bewußtsein des Menschen, das erweckt werden muß, abhängen, *wie* der Kampf sich entscheidet.

Wir dürfen sagen: Mit ungeheurer Sorge sehen die Völkerführenden Erzengel das Wachsen der Finsternismächte; sie suchen nach Möglichkeiten, ihre Kräfte zu steigern und stärker mit den Menschen zu verbinden. Aber nicht mehr können sie wie früher die Menschen einfach von sich aus führen; sie sind im Zeitalter der Freiheit auf die freie Tat, das freie Mittun der Menschen angewiesen. Unfrei machen den Menschen heute nur noch die Gegenmächte.

Die positiv führenden Mächte wollen sich heute der »freien Kraft« im Menschen verbünden. Daß diese freie Kraft entstehen kann, dazu bedarf es mehr und mehr einer Geisterkenntnis und einer Geistes-Wissenschaft, eines Kultuswirkens, das Geistbewußtsein zu wecken vermag, bedarf es einer Initiative jedes einzelnen, der zu verstehen beginnt, worum es heute geht.

Die Erzengel als Sprachgenien

Nicht nur die Leitung und Impulsierung der Volksschicksale obliegt den Erzengeln. Den volkführenden Erzengeln treten andere zur Seite, die in der und durch die Sprache eines Volkes wirken. Hier ergeben sich interessante Überschneidungen: z. B. hat das deutsche Volk mit den Österreichern und den Deutsch-Schweizern die Sprache, nicht aber Volkstum und Schicksal gemeinsam; andererseits leben in der Schweiz mehrere Sprachen in einem Volk.

Die Erzengel der Sprache wirken also mit denen des Volkstums zusammen; dabei sind mannigfache, lebendige Wechselbeziehungen wirksam.

Wie kann man sich das Verhältnis eines Erzengels zu einer Sprache vorstellen?

Zunächst muß man sich klarmachen, daß die Sprache eines Volkes kein Ergebnis einer zufällig verlaufenden Entwicklung darstellt. Die moderne Sprachforschung hat in letzter Zeit interessante Einzelheiten zutage gefördert, die in diese Richtung deuten. So konnte der Strukturalismus nachweisen, daß jeder Sprache bestimmte und nur ihr eigene »Strukturen« zugrunde liegen, die man mit mathematischer Exaktheit bestimmen und als Formel erfassen kann. Durch eine solche »Sprachformel« ist bis in alle Einzelheiten der jeweiligen Sprache und bis in ihr letztes Wort hinein genau festgelegt, welche Lautkombinationen, d. h. aber: welche Sprachklänge und damit verbundenen intimen Wirkungen in dieser Sprache vorkommen können und welche nicht.

Man hat also herausgefunden, daß jede Sprache von einem Netz geheimer, verborgener Regeln und Gesetze durchzogen ist, welche die feinen Laut- und Klangbeziehungen festlegen, auf denen die eigentlich bildende Wirkung einer Sprache beruht. Und diese Regeln und Gesetze sind für jede Sprache spezifisch andere.

Wenn ich die eigentümliche Wirkung einer Sprache – etwa der italienischen oder der russischen – vor mir habe und sie als eine einzigartige und unverwechselbare erfahre, so beruht die

Wirkung in hohem Grade auf einer spezifischen »Formel«, »Struktur«, die dieser Sprache ganz bestimmte Lautzusammenhänge erlaubt und andere absolut verbietet.

Woher stammt denn eine solche Sprachstruktur? Wie kommt sie zustande? Ohne der modernen Forschung unrecht zu tun, darf gesagt werden: Es gehört doch eine Art Wunderglaube dazu, die Entstehung solcher Sprachstrukturen letzten Endes – mit welchen Wendungen auch immer – dem Zufall oder irgendeinem Mechanismus zuzuschreiben. Denn diese Formeln treten ja in der Sprache zunächst nicht als Formeln, sondern als unmittelbares und tief unbewußtes Leben, ja als volksbildende Kraft in Erscheinung.

In Wahrheit schauen wir, indem wir auf solche Sprachgeheimnisse blicken, in die Werkstatt der »Sprachgenien« – der Erzengel. *Sie* haben aus umfassender Weisheit heraus die Sprache den einzelnen Völkern gegeben. Ihre Weisheit lebt im Klang einer Sprache, in den Worten bis in den einzelnen Laut hinein, in den Wortwendungen, in den Bildern und Sprüchen, welche einer Sprache zugehören. Und wenn ein Kind eine Sprache als Muttersprache lernt, nimmt es gleichzeitig die Bildekraft dieser Sprache in seine Seele, sogar in die feineren Kräfte seines Leibes auf. Die feineren seelischen und leiblichen Kräfte eines Italieners, eines Russen sind nicht nur durch Erziehung und Vererbung, sondern vor allem durch die Sprache verschieden gebildet.

Die moderne Sprachforschung eröffnet uns den Blick auf die umfassende Weisheit, welche die Sprachgeister den einzelnen Volkssprachen eingeprägt haben. Noch tiefere und andersartige Einblicke gewinnen wir aus manchen Bildern der alten Mythologien. In diesen Bildern sind uns die Erfahrungen überliefert, welche eine frühere Menschheit von der Engel- und Erzengelwelt hatte. Zeus und Athene, Odin und Thor sind Wesen aus dem Bereich über dem Menschen, von denen die griechische, die germanische Mythologie in der ihnen eigentümlichen Bildhaftigkeit sprechen. Diese mythologischen Bilder können entschlüsselt werden.[8]

Als Inspirator, als Genius der germanischen Sprache erscheint in der nordischen Mythologie Odin. Er ist der »Runenkundige«, der Lehrer der Sänger und Dichter; in ihm erlebte man in der alten Zeit den Erzengel, von welchem die Sprachim-

[8] Rudolf Meyer *Nordische Apokalypse*, Stuttgart 1967.

pulse ausgingen, von dem vor allem auch die nordische Dicht-
kunst mit ihrer bemerkenswerten Eigenart inspiriert wurde. In
dieser Kunst, die Sprache zu handhaben, lag etwas ungeheuer
Erzieherisches für die wilden Seelen der Völkerschaften des
Nordens. Der Erzengel, der zum Sprachgenius dieser Völker
wurde – eben Odin (oder Wotan) –, hatte eine bestimmte
Aufgabe zu erfüllen: Er sollte der Sprache diejenige Fähigkeit
eingeben, die in der weiteren Entwicklungsfolge zur Grundlage
einer besonderen Kultur, einer *Ich-Kultur* im europäischen
Raum werden konnte. So heißt Odin mit einem seiner vielen
Namen auch »Yggr«, das heißt so viel wie »Icher«, »Ich-
Wirker«.

Odin bildete der nordischen Sprache eine geheime Ich-
Tendenz ein. Stark, gewaltig wirkte diese Sprachkraft, wenn
von den Sängern des Nordens, den Barden, die alten Gesänge
vorgetragen wurden, die ja nur zum Teil in den Liedern der
Edda überliefert sind. Der Stabreim, der diese Dichtungen
charakterisiert, entfaltete seine ganze Kraft durch die Sprachkunst des Barden, die in intensiver Schulung erlangt werden
mußte und zur unmittelbaren Inspiration durch den Sprachgenius führte: Dann sprach Odin selbst zu den hingerissen
lauschenden Hörern. Lang, tiefwirkend klangen die Rhythmen
und Worte der Dichtungen in den Seelen der damaligen
Menschen nach und bildeten an ihnen.

So müssen wir uns die Wirksamkeit eines Erzengels im
Bereich der Sprache in alten Zeiten vorstellen. Für andere
Völker gelten ähnliche Verhältnisse.

Gerade die nordische Mythologie gibt uns nun aber auch die
Möglichkeit, die Wege zu begleiten, auf denen ein solcher
Erzengel die Fähigkeiten zur Sprachbildung für ein Volk
erlangt. Rudolf Meyer hat dies in dem oben erwähnten Buch
ausführlich gezeigt. Wir wollen hier nur auf eine bestimmte
Einzelheit eingehen.

Um die ihm gestellte Aufgabe zu bewältigen, eine menschliche Sprache zu schaffen, die in einem bestimmt gearteten
Volkstum – eben dem germanischen – einen bestimmten
Impuls – den Ich-Impuls – über die Jahrhunderte hin entfachen
konnte, war für Odin zweierlei nötig: Die Kraft einer ungeheu-
ren, geistigen Überschau, welche ihn in die Lage versetzte, die
Sprache nicht nur zu schaffen, sondern ihr auch die richtigen
Entwicklungsmöglichkeiten über Jahrhunderte zu geben –
denn eine Sprache entwickelt und verändert sich mit der

Entwicklung und Veränderung des zugehörigen Volkstums und muß gerade dadurch ihrer Aufgabe gerecht bleiben können. Die Macht geistiger Überschau besaß Odin kraft seines Erzengel-Ranges.

Ein anderes aber mußte er sich erst erwerben: die Kenntnis, *wie* eine Menschenseele in den rohen, ursprünglich noch ganz ungebildeten Kräften der germanischen Leiblichkeit sich fühlt; *wie* die Bildekräfte der Sprache im einzelnen beschaffen sein müssen, damit sie aus den Seelenkräften dieses Volkstums die Ichwirkung zu entbinden vermögen und Seele, Leben, Leib des Volkes so bilden können, daß sie zum Träger des Ich werden. Mit anderen Worten: um dieses wilde Volkstum zu bilden und zu kultivieren, mußte er es kennenlernen; er mußte sich mit ihm innigst verbinden.

In der Edda ist uns ein Lied enthalten, das von dieser Tat Odins Kunde gibt. Wir finden es im Havamâl (dem Lied Hars, des Hohen); es lautet in der Übersetzung von Felix Genzmer so:

> Ich weiß, daß ich hing am windigen Baum
> neun Nächte lang,
> mit dem Ger verwundet, geweiht dem Odin,
> ich selbst mir selbst,
> an jenem Baum, da jedem fremd,
> aus welcher Wurzel er wächst.

> Sie spendeten mir nicht Speise noch Trank;
> nieder neigt ich mich,
> nahm auf die Stäbe, nahm sie stöhnend auf;
> dann stürzte ich herab.

> Zu wachsen begann ich und wohl zu gedeihn,
> weise ward ich da;
> Wort mich von Wort zu Wort führte,
> Werk mich von Werk zu Werk führte.

Hier schauen wir hinein in das Schicksal eines geistigen Wesens, das sich tiefer mit dem irdischen Menschentum verbinden muß, als es ursprünglich seiner Natur angemessen ist; das aus der Weite und Freiheit eines geistigen Daseins – Odin wurde im wehenden Winde, der frei die Weiten der Welt durchwaltet, erlebt – in die Enge und Bindung des Menschseins eintaucht, um zu erfahren und zu erkennen, was dem speziellen Volkstum als Bildekraft der Sprache nottut. Der »Baum«, an den er gehäftet ist, ist Bild für den »Stamm-baum« des Volkes, für den »Volks-stamm«, mit dem er die tiefere Beziehung eingeht: »Ich weiß, daß ich hing am windigen Baum neun Nächte lang...« Als ein Herabstürzen aus den geistigen Bereichen muß er dies erleben: »... dann stürzte ich herab.« Wir bekommen durch diesen Text eine Ahnung davon, welches Opfer ein Erzengel-wesen zu bringen hat, um die Sprache eines Volkes bilden und durchdringen zu können, und es wird erfühlbar, daß auch ein solches Wesen durch Opfer lernen muß. Aus diesem Opfer aber erblühen dann der ganze Reichtum, die Schönheit und Gewalt einer Volkssprache mit all ihren unendlichen Möglichkeiten, Geistiges, Seelisches und Irdisches zum Ausdruck zu bringen und durch Jahrhunderte und Jahrhunderte die Seelen der Menschen zu tragen, zu bilden, zu erfüllen.

Bis zum heutigen Tage wirkt diese Tat Odins. Sie ermög-lichte die Bildung eines Volkstums, das die Aufgabe hatte und hat, eine Ich-Kultur zu erwecken – nicht um sie für sich zu beanspruchen, sondern um sie wiederum in die Menschheits-entwicklung zu opfern. In der Sprache der deutschen Mystik, der Reformation, des deutschen Idealismus lebte diese Aufga-be, dieser Impuls. Heute droht er zu ersterben; ist die Wirksam-keit der Erzengel in den Sprachen an ein Ende gelangt? Wo sind die Erzengel heute?

Vom Wirken der Urkräfte in den Zeitenrhythmen

In den letzten beiden Kapiteln sind wir vom Bereich der Engel in den der Erzengel aufgestiegen. Wir haben beschrieben, wie die Erzengel eine umfassendere Aufgabe erfüllen als die Engel, indem sie nicht nur mit einem einzelnen Menschen oder einer Gemeinde, sondern mit einem ganzen Volke, seinem Schicksal, seiner Sprache verbunden sind. Demgemäß ist auch ihre geistige Kraft, ihre »Stärke« größer als die der Engel. Wir können also zuordnen:

Engel: Einzelmensch – Einzelschicksal (oder Gemeinde und Gemeindeschicksal).

Erzengel: Volk – Volksschicksal – Volkssprache.

Diese Abstufung setzt sich fort in noch höhere, weitere Bereiche des Daseins: Über den Erzengeln stehen wiederum höhere Engelmächte, welche *Urkräfte* (griechisch Archai) genannt werden. Ihren Wirkenskreis erfassen wir, wenn wir über die Völker zur Menschheit aufsteigen:

Einzelmensch – Völker – Menschheit.

Dem entsprechen:
Engel – Erzengel – Urkräfte.

Wie die Erzengel über den Einzelmenschen stehen und in das Volksganze hereinwirken, so geht das Wirken der Urkräfte über den Volksbereich hinaus.

Die Urkräfte entfalten ihre Wirksamkeit nicht im Sinne der Führung eines Einzelschicksals, auch nicht zur Weiterentwicklung eines Volkes: Sie handeln für das Menschheitsganze. Wenn uns zum Bewußtsein kommt, daß wir nicht nur Einzelpersönlichkeiten, nicht nur Angehörige eines Volkes, sondern Glieder der Menschheit sind und daß die Menschheit ein großes Ganzes, eine umfassende Gemeinsamkeit darstellt, die alle Menschen verbindet, dann empfinden wir aus dem Geiste der Urkräfte heraus. Der Engel trägt Sorge, daß wir unser individu-

47

elles Schicksal finden, das uns zu unserem unverwechselbaren, einmaligen Ich führt; der Erzengel gliedert uns in einen Volkszusammenhang ein und stattet uns mit den Eigenschaften des Volkscharakters aus; die *Urkräfte* aber machen uns zu Menschen: Sie suchen das, was der einzelne, was ein Volk darstellt und leisten kann, in das Menschheitsganze einzugliedern; sie gruppieren die verschiedenen Völkerschaften so, daß eine höhere Einheit daraus hervorgeht, daß die Einzelimpulse der Völker und Rassen schließlich im Sinne der ganzen Menschheitsentwicklung zusammenwirken.

So sehen wir, wie die Aufgaben sich steigern, indem wir auf der Stufenleiter der Wesen in immer höhere Regionen aufsteigen; wie aber auch die Kraftentfaltung, die »Stärke« der entsprechenden Geistwesen den umfassenderen Aufgaben gemäß immer umfassender wird; und schließlich: »Wie alles sich zum Ganzen webt, eins in dem andern wirkt und lebt« (Goethe).

Aber nicht nur die sinnvolle Ordnung der einzelnen Völker im Menschheitsganzen obliegt den Urkräften; sie wirken vor allem in den großen Rhythmen der Weltentwicklung und Menschheitsgeschichte. Auch hier waltet Gesetzmäßigkeit und höhere Ordnung.

Diese Tatsache ist dem heutigen Bewußtsein im allgemeinen noch ganz fremd. Die heutige Geschichtsforschung hat noch kaum erkannt, daß sie nicht nur eine zufällige Aufeinanderfolge von mehr oder weniger bedeutsamen Ereignissen zum Gegenstand hat, auch nicht einfach das Ergebnis sich wandelnder gesellschaftlicher Verhältnisse, sondern ein sinnvolles Vorwärtsschreiten des Menschheitsganzen in bestimmten Zeitabschnitten, in Rhythmen und Epochen. In diesen Rhythmen und Epochen wirken die Urkräfte.

Um diesen Gedanken deutlicher werden zu lassen, schauen wir zunächst noch einmal zurück auf die Entwicklung des Einzelmenschen. In der Erforschung menschlicher Biographien ist man heute auf die Gesetzmäßigkeiten und Rhythmen aufmerksam geworden, welche einem Lebenslauf zugrunde liegen. Bis zum siebten, 14. und in gewissem Sinne 21. Lebensjahr sind Lebensepochen leicht sichtbar: Zahnwechsel und Einschulung, Lebensreife und Pubertät, Ichwerdung und Mündigkeit (heute ins 18. Jahr vorverlegt). Aber auch das spätere

Leben ist von Epochen bestimmt; von ihnen ist die »Krise der Lebensmitte« ins allgemeine Bewußtsein übergegangen.

Was liegt dem zugrunde? Es sind bestimmte, gesetzmäßig geordnete Erlebnisse und Entwicklungen, die – im allgemeinen – bestimmten Lebensaltern zugeordnet sind. Lebensreife und Pubertät treten mit ihren charakteristischen Erlebnissen und Krisen in einem bestimmten Alter im Menschen auf; sie dürfen nicht sehr viel früher, aber auch nicht viel später in das Schicksal eingreifen, soll alles gesund verlaufen. Auch später, ja das ganze Leben hindurch kann man von gesetzmäßig auftretenden Erlebnissen sprechen, die oft nur sehr viel verborgener, aber nicht weniger intensiv wirken: Einsamkeitserfahrungen (28. Jahr), Todeserlebnisse (im 33., 35. Jahr) usw.

In der Aufeinanderfolge solcher Grunderfahrungen – die natürlich von der persönlichen Biographie in der mannigfaltigsten Weise durchkreuzt oder gar überdeckt werden – liegt die gesunde Anregung für die innere Entwicklung des einzelnen Menschen.

In die Menschheitsentwicklung spielen nun solche Grunderfahrungen in bestimmten Zeitepochen ebenfalls hinein. Lessing ist diesen Gedanken nahegewesen, wenn er von der »Erziehung des Menschengeschlechtes« sprach. In Ägypten, in Griechenland und Rom, im Mittelalter und im Anbruch der Neuzeit hat die Menschheit Erlebnisse durchgemacht, die sie »erzogen«, d. h. in gesunder Weise weitergebracht haben; es sind in bestimmten Zeiten Erfahrungen und Entdeckungen aufgetreten, die *so* nicht viel früher, aber auch nicht viel später auftreten durften.

Wer wirkt in dieser »Erziehung des Menschengeschlechts«? Wer erzieht? Es sind die Urkräfte. Sie lassen die Impulse und Inspirationen einströmen, die der Menschheit als Ganzem zugute kommen sollen, nicht nur einer Gruppe, einem Volk. Sie stehen als inspirierende Wesen hinter der ägyptischen, der griechischen Kultur mit ihrer Menschheitsbedeutung und hinter der weiteren geschichtlichen Entwicklung.

Der Vergleich der ägyptischen mit der griechischen Kultur zeigt, wie verschiedenartig, ja gegensätzlich solche Zeitepochen gestaltet sein können. Wie verschieden ist der innere »Klang« dieser Kulturen! Wir werden da noch einmal auf das Bild des himmlischen Orchesters zurückgeführt; mit jeder Zeitepoche klingt eine neue, andersartige Musik aus der Welt der Urkräfte in die Menschheit herein; vielleicht wechseln dabei auch die Musiker, die Instrumente ... Aber auch in solchem Wechsel, solchen Gegensätzen lebt höhere Ordnung, höhere Harmonie, welche wiederum das *Ganze* des geschichtlichen Ablaufes umspannt und gestaltet. In den einzelnen Epochen und ihren Rhythmen wirkt die Tätigkeit der Urkräfte. Sie werden in ihrem Wirken anschaubar, wenn wir auf die großen Kulturen der Menschheit hinschauen.

Daß die einzelnen Epochen aber in das Ganze der Menschheitsentwicklung sinnvoll eingegliedert sind, dafür empfangen die Urkräfte selbst Weisungen und Impulse von dem, der dieses Ganze überschaut und »dirigiert«: von dem »Dirigenten« des himmlischen Orchesters, auf den wir am Schluß des Buches noch unseren Blick richten wollen.

Michael
Erzengel und Zeitgeist

Unter den Engelwesen ragt von altersher – schon im Alten Testament (im Buch Daniel) wird sein Name genannt – die Gestalt des Erzengels Michael hervor. Seinem Wesen und Wirken wollen wir uns nun besonders zuwenden.

Da ist gleich eine Besonderheit zu nennen, die in den weiteren Ausführungen verständlich werden wird: Michael wirkt heute nicht auf der Rangstufe der Erzengel, sondern auf der der Urkräfte als der inspirierende »Zeitgeist« der Gegenwart, als der führende Genius unserer Kultur. Er ist aus dem Bereich der Erzengel aufgestiegen, um eine Zeitlang, gleichsam »von höherer Warte aus« und mit umfassenderen Vollmachten ausgerüstet, im Sinne der Gesamtentwicklung und nicht nur für *ein* Volk seine Kraft einzusetzen.

Dieses zeitweilige Aufsteigen eines Erzengels auf die Stufe der Urkräfte ist nichts Ungewöhnliches; es findet im Laufe der Entwicklung immer wieder, in regelmäßiger Folge, statt. Die Urkräfte rufen sich gleichsam die besonderen »Gaben« bestimmter Erzengel zu Hilfe, um sie auf diese Weise dem Menschheitsganzen zugute kommen zu lassen. Wir können das an einem trivialen Vergleich verdeutlichen: Ein Firmenchef wird gelegentlich einen Mitarbeiter, der über spezifische Fähigkeiten verfügt, mit einer leitenden Funktion auf Zeit beauftragen, wenn er diese besonderen Fähigkeiten in einer bestimmten Situation für das Ganze des Betriebes braucht. So ziehen die Urkräfte gewisse Erzengel von Zeit zu Zeit zu bestimmten übergeordneten Aufgaben heran und leiten deren Fähigkeiten der ganzen Menschheit zu.

Vielleicht ist ein anderes Bild noch treffender: Ein Orchester braucht gelegentlich einen Solisten, der, mit besonderen Qualitäten begabt, eine Zeitlang den Klang des Ganzen mitbestimmt. Für die himmlischen Musikanten mag ähnliches gelten. Man kann davon sprechen, daß auf diese Weise ein Erzengel zum »Zeitgeist« wird, d. h., daß er eine geschichtliche Epoche mit seiner Kraft beherrscht und führt, daß zeitweise von ihm ein besonderer »Klang« in die Weltentwicklung hineingebracht wird.

Diese Tatsache war im Mittelalter durchaus bekannt (bei Agrippa von Nettesheim dargestellt), und Rudolf Steiner hat sie bestätigt und in Einzelheiten beschrieben. Bekannt war auch, daß in diesem Sinne sieben Erzengel wirken, von denen uns heute *Michael, Gabriel* und *Raphael* dem Namen nach noch geläufig sind; die vier anderen heißen: *Zachariel, Anael, Samael* und *Oriphiel* (vgl. S. 152). Diese sieben Erzengel lösen sich nacheinander in der »Zeitregentschaft« ab, indem sie dazu von den Urkräften in die höhere Rangordnung erhoben werden. Von diesem Zeitpunkt an bekommt ihr Wirken etwas Menschheitliches. Das Zusammenwirken mit den Urkräften kann dann etwa so verstanden werden, daß die Urkräfte gleichsam die Gesamtkomposition eines ganzen Zeitalters (z. B. der ägyptischen Kultur, der griechisch-römischen Kultur bis ins Mittelalter, der Neuzeit – immer etwa 2100 Jahre) bestimmen und beherrschen, daß sie aber einzelne »Solisten« zu einzelnen »Sätzen«, d. h. für kürzere Zeiträume (etwa 350 Jahre), in dieser Gesamtkomposition »mitspielen« lassen.

Ein solcher Augenblick des Aufsteigens zu größeren Aufgaben war der Beginn der Regentschaft Michaels in der zweiten Hälfte des vorigen Jahrhunderts. *Michael* löste damals *Gabriel* in der Zeitenführung ab, der bis dahin etwa vier Jahrhunderte hindurch – seit Beginn der Neuzeit – die Menschheitsentwicklung geleitet hatte. Michael seinerseits wird weitere vier Jahrhunderte – bis in das dritte Jahrhundert des dritten Jahrtausends – die Zeitregentschaft innehaben.

Wir sagten, daß die Erzengel als Zeitregenten ihre spezifischen Fähigkeiten in die Menschheit einfließen lassen. So ging von *Gabriel* am Beginn der Neuzeit ein ganz bestimmter Impuls für die Menschheitsentwicklung aus: die Menschheit vollständig in die Erdenverhältnisse hineinzuführen. Gabriel ist der Erzengel der Geburt, der Inkarnation: Als solcher erscheint er bei der Verkündigung an Maria (und an Zacharias, den Vater Johannes des Täufers: Lukasevangelium, 1. Kapitel); er führt die Seelen in das Irdische herein.

Wir sehen, wie dieser Impuls, die Menschenseelen auf der Erde zu verkörpern, mit Beginn der Neuzeit zum bestimmenden Kulturimpuls für die Menschheit wird. Er steht als treibende Kraft hinter dem gewaltigen Umbruch, der am Ende des 15. Jahrhunderts die Menschheitsentwicklung ergreift; er geht von Gabriel aus. Es ist ein gabrielischer Impuls, der in den Entdeckungsfahrten, in der Entfaltung von Naturwissenschaft und

Technik, in den geistig-kulturellen, wirtschaftlichen, politischen Umwälzungen der letzten Jahrhunderte wirksam war: Schritt für Schritt erobert sich die Menschheit die Erde und richtet sich nach ihren Wünschen und Notwendigkeiten ein. Das 16., 17., 18. und 19. Jahrhundert bilden das »gabrielische Zeitalter« der nachchristlichen Geschichte; der Mensch, der eigentlich »Bürger zweier Welten« sein sollte, wird durch Gabriel endgültig nur noch »Erdenbürger«.

Das gabrielische Zeitalter mit seinen Impulsen und Inspirationen wirkt heute noch nach – so wie eine Kugel noch weiterrollt, auch wenn sie nicht mehr angestoßen wird. Aber unübersehbar treten heute ganz andere Impulse in die Menschheitsentwicklung ein. Der Fortschrittsglaube, die uneingeschränkte materielle Entfaltung der Menschheit auf der Erde sind fragwürdig geworden; die Ausrichtung des Menschen auf Wohlstand, persönliches Glück, die bürgerliche Grundgesinnung des gabrielischen Zeitalters, ist erschüttert und weicht anderen Grundgesinnungen und -stimmungen. Ein neuer Umbruch hat sich seit dem Ende des 19. Jahrhunderts angebahnt, genauso einschneidend und umwälzend wie jener zum Beginn der Neuzeit.

Man wird besser verstehen, was sich in unserer Zeit als treibende Kraft geltend macht, wenn man darauf hinschaut, daß *Michael* die Zeitregentschaft übernommen hat. Von ihm gehen jetzt die entscheidenden Kulturimpulse aus. Jede Seele, die heute die Erde betritt, hat im vorgeburtlichen Dasein den Anbruch des »Michael-Zeitalters« miterlebt; sie hat miterlebt, daß dieses Zeitalter wie ein geistiger Sonnenaufgang in die irdischen Verhältnisse hereinstrahlen will, und sie hat aus diesen Erlebnissen entscheidende Impulse ins Irdische eingebracht, die in vielerlei Stimmungen, unbewußten Sehnsüchten und oppositionellen Tendenzen in die Gegenwart hereinspielen. Vieles dieser Art ist auf die veränderte geistige Situation unserer Zeit zurückzuführen, auf einen Umbruch in der geistigen Welt – wenn auch die im Vorgeburtlichen aufgenommenen Impulse oft nur »gebrochen« oder gar ins Gegenteil »verkehrt« aus der Seele wieder hervortreten, sobald sie sich in die irdischen Verhältnisse einleben sollen: z. B. als radikale Ablehnung alles dessen, was sich – aus einem gabrielischen Impuls heraus – in den Erdenverhältnissen »etabliert« hat.

Was unterscheidet Michael von Gabriel? Welche Ziele verfolgt er für die Menschenzukunft? Wenn Gabriel der Engel der

Geburt und der Inkarnation ist, der die Seele in das Irdische hereinführt, so steht Michael am anderen Tor des Erdenlebens, an der Todespforte, als Führer aus dem Irdischen zurück ins Geistige. So wird er oft als der Engel mit der Waage dargestellt, welcher den Seelen ihr Böses und Gutes nach dem Tode abzuwägen hat.

In der Tat: Michael hat heute die Aufgabe, die Menschen der zu stark, zu einseitig gewordenen Verirdischung wieder zu entreißen. Diese Verirdischung war notwendig – als Stufe auf einem Weg, nicht als Ziel; nun ist es Zeit, diese Stufe zu verlassen und eine höhere zu erreichen. Die Tatkraft und Initiative, die der Mensch während des gabrielischen Zeitalters an der Eroberung der Erde entfaltet und geübt hat, soll nun ins Geistige gewendet werden, allerdings ohne der Erde untreu zu werden; im Irdischen muß der Mensch heute die Kraft zum Geiste finden. Die Menschheit soll die Welt des Geistes entdecken und erobern lernen, wie sie am Beginn der Neuzeit die Erde entdeckt und erobert hat. Mit aller Macht strebt Michael diese Wendung ins Geistige an; aber er stößt auf eine im Irdischen »etablierte« Menschheit, die das Materielle als einzige Wirklichkeit erfährt. Aus dieser inneren Spannung entsteht die kritische Situation unserer Zeit. Wird es Michael gelingen, die Menschheit von der einseitigen Faszination des Irdischen loszureißen und sie an die Wahrnehmung der geistigen Welt heranzuführen?

Wir sehen, daß es nicht ohne geistiges Ringen und äußere Umbrüche möglich sein wird, die inneren und äußeren Fesseln, mit denen sich die Menschheit einseitig an das Irdische gekettet hat, aufzubrechen.

Welche Kräfte entfaltet Michael? Welche Wege sucht er heute mit der Menschheit zu gehen? Wie hängt sein Wirken mit der apokalyptischen Situation unserer Zeit zusammen?

Michael und die apokalyptische
Situation unserer Zeit

Michael weist der Menschheit heute neue Wege. Da, wo die
»Grenze des Wachstums« sich im Irdischen zeigt, will er dem
Menschen wieder neu den Zugang zu den unbegrenzten Feldern des Geistigen eröffnen. Er tut es, indem er auf zweierlei
Weise wirkt: durch die Erschütterungen und Krisen der äußeren Lebensverhältnisse und durch die geistigen Impulse, welche
er in die einzelnen Menschenseelen hineinleitet.

Unsere Zeit wird oft »apokalyptisch« genannt; ein Erfolgsbuch der letzten Jahre trug den Titel *Apokalypse auf Raten.*
Man meint mit dem Worte »Apokalypse« dann meist das
Katastrophale, Zerstörerische unserer Zeitverhältnisse. Zwei
Weltkriege, ein drohender Atomkrieg: »apokalyptische« Zeichen der Zeit. Aber das Wort selbst sagt etwas anderes: Das
griechische Wort »apokálypsis« heißt »Offenbarung, Enthüllung«, etwas, das verborgen war, »ent-decken«. So wird es
gleich zum Beginn der »Offenbarung des Johannes« am Schluß
des Neuen Testamentes gebraucht. Das, was mit Apokalypse
gemeint war, hat *die Erscheinung des Christus,* die durch die
Apokalypse offenbar wird, zum Inhalt.

So können wir in einem tieferen Sinne von unserer Zeit als
einer apokalyptischen sprechen. Denn die »apokalyptischen
Ereignisse«, die Erschütterungen unserer Zeit sind dazu da, die
Pforten aufzubrechen, die im gabrielischen Zeitalter zugeriegelt worden sind und keinen Zugang zur Offenbarung der
geistigen Welt mehr gewährten; sie sind dazu da, die Ketten zu
sprengen, mit welchen die Menschheit sich an das Irdische
fesseln läßt.

Der Kampf Michaels richtet sich zunächst gegen die Gewalten, welche die Hinwendung des Menschen zum Irdischen
benutzen und ihn in ihren Bann ziehen und welche die Freiheit
des Menschen, die ihn auch frei von Gott gemacht hat, in die
Freiheit zum Bösen ummünzen wollen. Indem der Mensch
dieser Verführung zu verfallen beginnt, droht er sein Innerstes
und seine Freiheit an die Gegenkraft zu verlieren. Hier muß
Michael eingreifen. Aber er kann den Menschen nicht zwingen.

Denn die Zuwendung des Menschen zum Geistigen kann nur *frei* erfolgen, sonst stände das Ziel der Erdenentwicklung, die menschliche Selbständigkeit und Freiheit, selbst wieder auf dem Spiel. Welche Mittel kann Michael anwenden, um den Menschen auf die andere Dimension des Daseins wieder aufmerksam zu machen?

Der Vergleich mit Schicksalsereignissen beim einzelnen Menschen kann hier das Verständnis in die rechte Richtung weisen. Wir erleben oft, wie es gerade Schicksalsschläge, Krisen, Erschütterungen sind, die uns aufwachen lassen. Solange es uns gut geht, schlafen wir nur allzuleicht ein für unsere eigentliche Aufgabe auf der Erde; alles Leid dagegen kann etwas Erweckendes haben. Viele Menschen werden erst dadurch, daß sie Schweres durchmachen, überhaupt fähig, sich einer geistigen Lebensauffassung zuzuwenden. So ist es aber auch mit den Erschütterungen unserer Zeit und der ganzen Menschheit.

In der »Offenbarung des Johannes«, welche die »Apokalypse«, die Offenbarwerdung des Christus schildert, nehmen die Bilder der Krisen und Untergänge auf der Erde einen breiten Raum ein. Dort aber wird auch dargestellt, wie diese Krisen nicht etwa von den Widersachern des Göttlichen, sondern von den Gott-verbundenen Engeln selbst ausgelöst werden; und zwar nicht um gegen die *Menschen,* sondern um gegen die die Menschen *verführenden Mächte* zu kämpfen und die Menschen gleichzeitig wachzurütteln für das, was in den apokalyptischen Ereignissen sich offenbaren will. Apokalypse heißt also zweierlei: erstens Kampf gegen die Widersacher und gegen die Verhältnisse, die von den Widersachern benutzt werden, um den Menschen zu *stark* an das Irdische zu binden. Dieser Kampf muß schließlich zum Sturz der widerstrebenden Mächte führen und zur Zerstörung der Zivilisationsformen, die das Leben des Menschen auf der Erde zu ersticken drohen; er richtet sich nicht gegen den Menschen selbst; wo allerdings der Mensch seinerseits sich an die Gegenmächte bindet, droht er in ihren Sturz mit hineingerissen zu werden. Zweitens aber heißt Apokalypse: In den Erschütterungen kommt gleichzeitig die geistige Welt wieder an die Menschen heran; und das menschliche Bewußtsein gewinnt die Kraft und Beweglichkeit, dieses Herankommen der Geisteswelt wahrzunehmen und zu erfahren. In *beiden* Tatsachen wirkt heute Michael.

Rudolf Steiner hat 1923 in dem Spruch »Den Berliner

Freunden« einen Hinweis auf künftige Erschütterungen und Untergänge gegeben, in dem das Schicksal Berlins, das zugleich zeichenhaft ist für das Gegenwartsschicksal überhaupt, vorausgezeichnet ist; in diesem Spruche sind die Worte enthalten:

Untergang des Äußern
Soll werden Aufgang
Des Seelen-Innersten.

Das ist aus michaelischem Geiste heraus gesprochen. Denn Michael führt die Menschen an Grenzen des Seins und Erlebens, um ihnen die Felder des unbegrenzten Geistesseins neu zu eröffnen und dadurch den Aufgang des Seelen-Innersten zu bewirken.

Michael und Engelwirken heute

»Untergang des Äußeren« – »Aufgang des Seelen-Innersten«:
Mit diesen Worten werden wir auf die positiven Impulse
hingewiesen, die heute von Michael ausgehen; denn die Erschütterungen sind ja nur das letzte Mittel, um den Menschen
aus der zu starken Erdverhaftung zu lösen und ihn immer
wieder vor Schicksalsfragen zu stellen, deren Antwort er nur
aus dem geistigen Erleben heraus holen kann. Michael wirkt
vor allem und zuallererst dahin, daß die Bewußtseinskraft des
Menschen wachse, daß sich ein »Aufgang des Seelen-Innersten« vorbereite und gestalte. Hellstrahlende Geisteskräfte,
leuchtende Gedankenmächte gehen von ihm aus; mit der
Gewalt einer Geistessonne sehen wir ihn im Geistgebiete
walten; so walten, daß er bereit ist, dem menschlichen Bewußtsein, welches sich zu ihm erhebt, Strahl um Strahl aus seiner
höheren Bewußtseinskraft zu übergeben. Wir sehen, wie Michael heute aus dem Geistbereich mit seinem Lichte an die
Menschenseele herandringen will, wie er aber doch darauf
warten muß, daß der Mensch sich ihm in Freiheit zuwende.
Eine drängende Mahnung, ein Ruf geht von Michael heute an
den Menschen aus, seine Zukunft zu ergreifen.

Die mit jedem einzelnen Menschen verbundenen Wesen, die
Engel, nehmen im Geistgebiete das Wirken Michaels wahr. Sie
wollen etwas von dem Lichte, das heute von Michael ausgeht, in
die einzelne Menschenseele hineinleiten. Sie haben ja – wie wir
darstellten – einerseits die Beziehung zum Wesen und Schicksal
des ihnen zur Führung anvertrauten Menschen, andererseits
aber stehen sie selbst unter der Einwirkung der in der Geisteswelt waltenden Impulse. Etwas von diesen Impulsen heute der
Menschenseele unmittelbar mitzuteilen, ist ihre wichtigste Aufgabe. So verbinden sich heute die Engel selbst mit dem Wirken
Michaels. Vor allem drei Ideale sind es, die sie im Sinne der
Michael-Wirksamkeit in die Menschenseele einstrahlen lassen
und die dadurch bewußt oder unbewußt vielen menschlichen
Seelenregungen zugrunde liegen. Rudolf Steiner beschreibt
diese drei Ideale, die heute in der Seele jedes Menschen leben,

folgendermaßen: 1. Jedem Menschen nicht nur in seiner äußeren Erscheinung, sondern in seinem inneren, wahren, ewigen Wesen zu begegnen: Menschenbegegnung soll etwas werden wie ein Sakrament. 2. Alles religiöse Leben auf absolute *Freiheit* zu bauen. 3. Den Menschen als fähig zu erkennen, die geistigen Wahrheiten der Welt *denkend* zu erfassen.

In diesen drei Idealen leben echte Michaelimpulse. Wer das Gegenwartsleben beobachtet, wird feststellen können, daß vieles heute in die Richtung dieser drei Ideale strebt, daß aber auch überall die Gegenaktionen im Gange sind, welche diese Ideale geradezu in ihr Gegenteil verkehren; ja daß die ungeheure Verbitterung und Lähmung, die sich gerade der jüngeren Generation bemächtigen, mit der herben Enttäuschung zusammenhängen, zu erleben, daß diese Ideale sich nicht – noch nicht, noch nicht weit genug – im heutigen Zusammenleben der Menschen verwirklichen lassen.

Wenn alles nach echter Menschenbegegnung strebt, so steht dem das »Rollenverhalten« und die »Entfremdung des Menschen« im heutigen sozialen und industriellen Leben entgegen – ein Erbe des gabrielischen Zeitalters; und es fehlt an den Menschen, die nicht Deutsche oder Franzosen, nicht Doktoren oder Professoren, nicht Sozialisten oder Liberale, sondern vor allem *Menschen* sind.

Und wenn zweitens Freiheit in das religiöse Leben einziehen soll, dann sehen wir zwar hierzulande kaum noch jemanden wegen seiner religiösen Überzeugung verfolgt, und wir sehen andererseits innerhalb der kirchlichen Gruppierungen ein Maß an Freiheit und »Demokratisierung«, von dem vor kurzem sich noch niemand auch nur hätte träumen lassen – aber diese Freiheit wird erkauft durch die Entleerung und völlige Aushöhlung der religiösen Substanz: Gottesdienst und Verkündigung sind heute weithin Schatten, Gespenster ihrer selbst.

Und wenn schließlich das Geistige denkend erfaßt werden soll, so sehen wir dem die offizielle Lehrmeinung in Philosophie und Psychologie, in Naturwissenschaft und religiöser Dogmatik entgegenstehen und das Bewußtsein verdunkeln. Die Lehrmeinung herrscht, daß es ein objektiv Geistiges nicht gebe, ja nicht einmal eine verbindliche Erkenntnis dem Menschen möglich sei. Tiefgreifende Resignation auf dem Felde der Erkenntnis muß die unerbittliche Folge sein.

So muß vor Michael und vor der Engelwelt heute die Frage stehen: Werden wir durchdringen mit den Impulsen, aus denen allein die Zukunft der Menschheit hervorgehen kann, oder wird die Menschheit in den Fesseln erstarren, die sie sich selbst angelegt hat? Noch sind die Ansätze, das Neue zu ergreifen, zart und schwach, wenn auch die Sehnsucht vieler Menschen nach dem Neuen gewaltig wächst. Und jeder Mensch, der diesen Ernst, welcher unsere Zeit erfüllt, fühlen kann, muß auch die Verantwortung fühlen lernen, die Wege zu suchen, seine Kraft im Sinne der Menschheitszukunft immer besser einzusetzen.

Nicht nur die Engel der einzelnen Menschen, auch die Engel der Gemeinden leben heute im Zeichen Michaels. Gerade für das religiöse Leben ist ja bedeutsam, was wir als die drei Ideale eines gegenwärtigen Engelwirkens bezeichnet haben. Und so ist es nicht verwunderlich, daß sich auch auf dem religiösen Felde bedeutende Umbrüche ereignen, die zu einer Umgestaltung und Erneuerung des religiösen Lebens führen. Die Erschütterungen, welche die großen Kirchen ergriffen haben, rühren von den Veränderungen her, die der Anbruch des Michaelzeitalters mit sich bringt: Die Engel der Gemeinden schließen sich heute dem an, was von Michael ausgeht; aber die traditionellen religiösen Formen sind nicht geeignet, für das Neue durchlässig zu sein; sie zerbrechen.

Die Begründung und die Wirksamkeit der Christengemeinschaft steht von vornherein im Zeichen Michaels; sie will ein religiöses Leben gestalten und pflegen, das erstens den Menschen nicht nur in seinem Hüllenwesen bildet und harmonisiert, sondern seinem ewigen Wesenskern, seinem Ich, die Kräfte zuführt, welche es im Erdenleben braucht; das zweitens Bekenntnisfreiheit, Freiheit im religiösen Leben mit der im Kultus wirkenden Christusnähe voll verbindet; und das schließlich dazu beiträgt, daß die religiösen Tatsachen des Christentums nicht nur dem Glauben anheimgegeben, sondern dem Erkennen zugänglich werden.

Aus diesen Impulsen heraus mußte das religiöse Leben erneuert werden. Wird Michael genug Menschen finden, die sich seinen Impulsen aufschließen und daran erwachen? Oder wird die Dumpfheit des Erdenbewußtseins immer neue Erschütterungen notwendig machen? Diese Fragen als Aufforderung im eigenen Schicksal zu empfinden, ist heute ernste, unerbittliche Mahnung an uns alle. Es ist die Mahnung unseres eigenen Engels, Michaels Ruf zu hören.

II.
Die Wirklichkeit der Engel –
wie wir sie erleben lernen

Einleitung
Warum sehen wir die Engel nicht?

Im ersten Teil des Buches haben wir versucht, die Vorstellungen vom Wesen und Wirken der Engel zu verstehen. Es soll nun der Versuch gemacht werden, die Erlebnismöglichkeiten aufzuzeigen, welche im gewöhnlichen Bewußtsein an die Engelwelt heranführen können. Da ist auf die grundsätzliche Schwierigkeit hinzuweisen, welche im heutigen Bewußtsein solchen Erlebnissen gegenüber vorhanden ist. Denn alles, was nicht äußerlich, sinnlich sichtbar erlebt werden kann, gilt dem heutigen Menschen als unwirklich oder phantastisch. Demgegenüber muß aber gesagt werden, daß schon der ganze Bereich der inneren Erlebnisse des Menschen, seine Gefühle, Gedanken, seine Ich-Erfahrungen, nicht sinnlich greifbar sind, sondern rein innerlich und mit einer innerlichen Wirklichkeit ausgerüstet erlebt werden.

In diesen Bereich ragen nun auch die höheren Erlebnisse des Menschen herein. So wie die Naturwirkungen wie »von unten« an den Menschen herantreten und sich der naturgegebenen, materiellen, sichtbaren Verhältnisse bedienen, so ragt in die Seelen- und Geisteswelt des Menschen wie »von oben« der Bereich herein, der über dem Menschen steht. Und genau so, wie man durch Sinneswahrnehmung eine Erfahrung haben kann von dem, was sinnlich sichtbar ist, so kann man durch seelische Aufmerksamkeit und seelische Erfahrung eine Wahrnehmung haben von den Bereichen, die über dem Menschen stehen und eine höhere Wirklichkeit an ihn heranbringen.

Freilich kann in diesem Bereich nirgends ein äußerer Beweis geliefert werden, daß das so ist. Es muß dem einzelnen anheimgegeben sein, wie weit er in den inneren Erfahrungen reif wird für die Erkenntnis, daß er nicht Täuschungen oder Illusionen unterliegt, sondern der Wirklichkeit des höheren Daseins begegnet. Dabei ist immer wieder Selbstprüfung und strenge Selbsterkenntnis geboten. Auf der anderen Seite aber ist das Vorurteil, daß in dem Menschen nichts anderes als die sinnlich sichtbare Welt mit Gewißheit wahrgenommen werden kann, eben ein Vorurteil. Wir wollen versuchen, in den folgenden

Kapiteln an die Erlebnisbereiche heranzutreten, in denen der Mensch klar und ehrlich an die Wirklichkeit der höheren Welt und der höheren Wesen herangeführt wird. Es wird sich dabei selbstverständlich um Bereiche des Lebens handeln, die sich nicht in grober Weise, sondern in intimer, innerlicher Art dem Menschen eröffnen. Und je weiter wir in der Reihe der hierarchischen Wesen aufsteigen, desto weniger wird es möglich sein, in kurzer Zeit das nachzuvollziehen, was mit den Hinweisen in diesem Buche angestrebt wird. Erst das Reifer- und Erfahrenerwerden in dem Bereich der inneren Erlebnisse erschließt auch die höheren Gebiete der geistigen Wesen für die menschliche Erfahrung.

Eine Frage soll noch aufgeworfen werden, bevor wir uns den Ausführungen über das Erleben der Engelwelt zuwenden: Warum sehen wir die Engel nicht, wenn es wahr ist, daß sie ständig um uns sind und uns begleiten? Diese Frage mag auftauchen, wenn wir so selbstverständlich von der »Wirklichkeit« der Engel sprechen: Warum haben wir keinen »Sinn«, keine Wahrnehmungsfähigkeit für diese Wirklichkeit?

Die Antwort auf diese Frage kann in zwei Richtungen gesucht werden. Schon in unserem menschlichen Erleben bleibt uns unwahrnehmbar und verschlossen, wofür wir uns mit der Seele nicht »aufschließen« können. Die Stille eines Waldes z. B. wird der nicht erleben können, der nicht selbst still wird; wer seine eigene Unruhe, seinen »Seelenlärm« nicht beiseite lassen kann, erfährt nichts von dem, was ihn doch real umgibt; er geht blind und taub daran vorbei.

So geht es uns mit den Wesen, die uns umgeben und deren Nähe vergleichbar ist der Stille des Waldes; sie leben aus dem »Atem der Ewigkeit«; aber kein Wunder, daß wir davon nichts wahrnehmen können, solange nicht in uns etwas von der Stille und Größe des Ewigen anwesend wird. Unsere eigene Unfähigkeit, uns zum Ewigen zu erheben und alles andere beiseite zu lassen, hindert uns, die ewigen Wesen wahrzunehmen.

Und umgekehrt: wenn es gelingt, etwas von der Ewigkeit in der Seele zu erfassen, so teilt sich auch der Seele die Gegenwart der geistigen Wesen wenigstens ahnend erlebbar mit.

Noch weiter führt uns ein Wort von Blaise Pascal:

Menschen und menschliche Dinge
muß man kennen, um sie zu lieben.

Gott und göttliche Dinge
muß man lieben, um sie zu kennen.

Es ist letztlich die Selbstbezogenheit, in der wir leben, das
eigentliche tiefere Hindernis für die Wahrnehmung der Wesen,
welche nicht in solcher Selbstbezogenheit gebunden sind. Denn
diese Wesen können nicht eintauchen in ein Element, das aus
Selbstbezogenheit lebt und ihnen deshalb fremd ist. So heißt es
zu Recht in Goethes *Faust*: »Die Geisterwelt ist nicht verschlossen, dein Sinn ist zu, dein Herz ist tot...«

Aber noch ein zweiter Gesichtspunkt soll zur Beantwortung der
Frage: »Warum sehen wir die Engel nicht?« berührt werden.
Rainer Maria Rilke hat – vielleicht durch wirkliche Erlebnisse –
sagen können:

> »Wer, wenn ich schriee, hörte mich denn aus der Engel
> Ordnungen? und gesetzt selbst, es nähme
> einer mich plötzlich ans Herz: ich verginge von seinem
> stärkeren Dasein...
> ...Ein jeder Engel ist schrecklich.«

Das »stärkere Dasein« des Engels muß dem Menschen verhüllt
bleiben, solange er nicht – durch das Schicksal, durch das
Todeserlebnis – vorbereitet ist, es wirklich zu ertragen. Alle
echten Engelerlebnisse haben etwas Erschütterndes, den Menschen durch und durch Ergreifendes – dies ist geradezu das
Kennzeichen für ihre Echtheit. Aber diese Wucht kann auch
zerschmettern oder mindestens unfrei machen; und das darf sie
nicht, soll der Sinn des Menschendaseins nicht in Frage gestellt
werden. Das »stärkere Dasein« des Engels ist vor allem seine
unerbittliche moralische Kraft – unerbittliche Wahrheit, rest-
lose Forderung der Hingabe an den Geist, zusammen mit
unendlicher Güte: Dies zu erfahren ist überwältigend. Dieses
Erlebnis muß dem Menschen verhüllt bleiben, solange er nicht
reif dafür ist, es in Freiheit zu ertragen.
So tritt zu dem ersten Gesichtspunkt: der Mensch ist nicht
aufgeschlossen, nicht selbstlos genug für das Erleben der
Geisteswelt, – der andere: Es ist gut, daß da etwas verhüllt
bleibt, um der heranreifenden Freiheit des Menschen willen.

Diese Freiheit aber reift heute heran. Schon kündigen sich neue Erfahrungen der Engelwelt in der Menschheit an. Das übersinnliche Wahrnehmen beginnt sich wieder in einem höheren Bewußtsein zu entfalten, wenn auch erst für wenige Menschen. Doch auch im gewöhnlichen Bewußtsein und für alle Menschen sollen die Möglichkeiten wieder gefunden werden, die uns mit der höheren Welt verbinden; diese Möglichkeiten liegen heute in jedem Menschen, welcher die Kraft der Selbstbesinnung üben will; sie müssen gesucht und ergriffen werden, soll die Menschheit ihre Zukunfsaufgaben bewältigen, die nur aus Vertrauen auf die Wirklichkeit der geistigen Welt und das Erleben ihrer Wesen zu bewältigen sind.

In den folgenden Kapiteln versuchen wir, die Erlebnisbereiche zu beschreiben, in welchen eine deutliche Ahnung von unserer Verbundenheit mit der Engelwelt in uns erwachen und zur Gewißheit sich gestalten kann:

Die Schicksalserfahrung – innere Ruhe, Gebet, Fürbitte – Geburt und Tod – Natur und Kunst:
    als Erlebnisbereiche, in denen der *Engel* wirkt;
Kultus:
    über das Erleben des Engels bereits hinausreichend;
Leben mit der Sprache – Wirken in Gemeinschaft:
    als Erlebnisfelder für die *Erzengel*;
Erleben von Idee und Ideal im Willen:
    heranführend an den Bereich *Michaels* und den der *Urkräfte*.

Die letzten Kapitel über das Böse, über Christus, über die Menschheitszukunft eröffnen den Blick in noch weitere Bereiche, die wohl erst in Zukunft mit dem Erleben des Menschen zu erfassen sind. Sie wurden als notwendiger Ausblick der Darstellung angefügt.

Vom Genius unseres Schicksals

Wir haben im ersten Teil dieses Buches darzustellen versucht, wie jeder Mensch im Zusammenhang mit dem göttlichen Willen von seinem Schicksalsgenius geleitet und begleitet wird. Wir haben angedeutet, wie das Bewußtsein unseres Schutzengels unser vergangenes Leben mit voller Klarheit überschaut; wie er aber auch das, was kommen muß, vorausbedenkt und mitgestaltet; wie andererseits seine Liebe uns begleitet, auch da, wo wir abirren; wie seine Treue unverbrüchlich ist; und wie gerade darin ein ungeheures Opfer eines Wesens an uns wirkt, das weit über uns steht, das aber diese Überlegenheit des Seins und Bewußtseins nicht für sich in Anspruch nimmt, sondern *uns* zuwendet.

Wenn wir nun fragen, wie wir wohl der Wirklichkeit unseres eigenen Engels ahnend begegnen lernen, so muß von unserem Verhältnis zu unserem eigenen Schicksal die Rede sein. Die Worte Christian Morgensterns, welche wir schon im ersten Teil dieses Buches (im Kapitel »Engelschicksal – Menschenschicksal«) zitiert haben, weisen uns die Richtung; die erste Strophe lautet:

> Du Weisheit meines höhern Ich,
> die über mir den Fittich spreitet
> und mich vom Anfang her geleitet,
> wie es am besten war für mich
> ....

Vielleicht vermag nicht jeder gleich so zu sprechen; vielleicht wird manchem Menschen im Blick auf das eigene Schicksal Bitterkeit und Vorwurf näher liegen als das Bewußtsein, daß Weisheit und Liebe darin gewirkt haben – und wir werden das oft verständlich finden müssen.

Wer die weisheitsvolle Führung in seinem Schicksal nicht sogleich zu entdecken vermag, beginne damit, am Abend den zurückliegenden Tag mit ruhiger Seele zu überschauen; denn auch die Ereignisse des einzelnen Tages unterliegen dem Wirken unseres Engels – zwar nicht in allen Einzelheiten, die wir zum Teil unserer eigenen Bosheit, Emotion oder Dumpfheit zuzuschreiben haben; aber doch in den *wesentlichen* Ereignissen, die von *außen* auf uns zukommen; und vor allem auch in den kleinen, oft unbemerkt bleibenden Dingen, die unser Leben bereichern, verschönern, die uns trösten und ermutigen: in dem Blick eines anderen Menschen, im Lächeln eines Kindes, im Duft einer Rose, im Leuchten eines Sonnenstrahls oder Kristalls...

> Wieviel Schönheit ist auf Erden
> unscheinbar verstreut;
> möcht' ich immer mehr des
> inne werden...

dichtet wiederum Christian Morgenstern. Sollte vielleicht sein Blick für die unscheinbaren und doch so tiefen Wunder des Alltags mit seinem Wissen um die Schicksalsführung zusammenhängen?

Wer den Blick auf den vergangenen Tag zurückwendet, wird sehr bald lernen können, die Augenblicke zu erfassen, von denen er fühlen darf: Hier leuchtet etwas in mein Leben herein, und dies in der mannigfaltigsten Art und Weise. Es leuchtet herein als Bereicherung und Vertiefung, als Trost oder Freude, als Ermutigung und Erkraftung; aber auch als Warnung und Ernüchterung, als Forderung und Verpflichtung, als Aufgabe und Erschütterung.

Denn natürlich: wir dürfen uns die Führung unseres Engels in keiner Weise sentimental vorstellen; es obliegt ihm, uns zu erziehen, die starken Kräfte der Seele zu entfalten, uns herauszufordern; auch hat er die Aufgabe, in Übereinstimmung mit dem göttlichen Willen, in dem er lebt, für den Schicksalsausgleich aller unserer Taten und Untaten zu sorgen: Dabei kommt dann oft ein herber, ja ein tragischer Zug in unser Schicksal hinein. Aber nichts sollte uns darüber täuschen, auch hierin die Liebe und Weisheit unseres Engels zu sehen; weiß doch jeder Erzieher, daß Strenge, ja sogar unerbittliche Härte mit Liebe und Weisheit – wenn auch nicht mit Sentimentalität – vereinbar ist; weiß doch jeder Arzt, daß der schmerzhafte Eingriff allein oft dem Kranken Leben und Gesundheit retten kann.

Im ruhigen Blick auf den zurückliegenden Tag werden uns solche Gedanken und Empfindungen am ehesten möglich.

Darin kann man sich üben; besonders dann, wenn man solche Stimmung mit der Übung des Gebetes verbindet.[9]

Dann wird es eher gelingen, auch im Blick auf das eigene Schicksal die Spuren des Engelwirkens zu erkennen.

Wer als Seelsorger und Priester oft Gelegenheit hat, das Schicksal anderer Menschen zu begleiten und tiefer kennenzulernen, bekommt Achtung und Scheu, schließlich unendliches Vertrauen angesichts der Weisheit, die einem Menschenschicksal zugrunde liegt; das hindert nicht, daß dabei auch die Irrungen und Verfehlungen ins Licht treten, mit denen jedes Menschenleben reichlich durchdrungen ist. Am Lebensende, wenn der Tod die letzte und oft nicht unbedeutendste Schicksalsrune gezeichnet hat, ergibt sich eigentlich immer etwas wie eine Schicksalsfigur, ein Bild geheimer Gesetze und Beziehungen, die dem Leben des Menschen eingezeichnet waren. Und der Verstorbene selbst gewahrt im leibbefreiten Sein nach dem Tode mit Erschütterung, wie sein Leben in vielen Einzelheiten dem Ziele und den Absichten gedient hat, die zu verwirklichen er aus einem vorgeburtlichen Dasein in das Erdenleben heruntergestiegen ist. Er bemerkt, wie durch das Wirken des Engels das Schicksal durch alle Abirrungen und Verfehlungen hindurch immer wieder die Richtung erhalten sollte, welche unseren wahren Zielen und Absichten entsprach.

Der Blick zurück auf Erfahrenes und Durchlittenes gibt uns zuallererst die Ahnung ein, wie sich ein Höheres mit unserem Dasein verbindet. Aber eine Seelenkraft ist es dann vor allem, die uns unmittelbar in die Nähe unseres Engels führt: Es ist die Kraft der Dankbarkeit. Wer sich das Wirken seines Engels in seinem Leben vor Augen stellt, wird leicht diese Dankbarkeit fühlen können; und dieses Gefühl braucht wiederum nichts Sentimentales zu haben; es kann sich auf das Bewußtsein gründen, daß sich da ein viel höheres Wesen, als ich selbst es bin, Äonen hindurch mit mir verbunden hat, um seine Kraft, seine Weisheit und Liebe meinem Werden zuzuwenden, und in unverbrüchlicher Treue mit mir geht. Dafür kann tiefe Dankbarkeit mich erfüllen. Diese Dankbarkeit wird zu einer stark wirkenden Kraft in uns, sie verbindet uns tiefer mit unserem Engel und stärkt ihm wiederum die Kraft, mit der er uns leiten

---

[9] Hans Werner Schroeder, *Das Gebet – Übung und Erfahrung*, Stuttgart 1977.

kann. So fährt Morgenstern in der zweiten Strophe des anfangs zitierten Gedichtes fort:

Wenn Unmut oft mich anfocht: nun –
Es war der Unmut eines Knaben!
Des Mannes reife Blicke haben
die Kraft, voll Dank auf Dir zu ruhn.

Wenn wir solche Dankbarkeit fort und fort üben lernen, werden wir den Hauch der Fittiche des Schicksalsgenius in unserem Leben immer deutlicher zu ahnen vermögen.

Wer am Abend sich übt, in die Ruhe der Überschau einzutreten, dem wird langsam die Stimmung der Dankbarkeit wie etwas Selbstverständliches zuwachsen. Er wird fühlen lernen, wie er sich damit den höheren Wesen nähern kann.

Viel schwerer schon, aber nicht weniger grundlegend und wirksam, ist eine andere Stimmung zu erringen; auch sie verbindet uns unmittelbar mit unserem Engel. Und wie die Dankbarkeit im Rückblick, so vor allem am Abend, ihren Platz hat, so jene andere Stimmung im Vorblick, im Blick auf die Zukunft, vor allem am Morgen eines jeden Tages: Es ist die Stimmung des Vertrauens.

Diese Stimmung fällt uns heute schwer; und doch bestimmt auch sie unser Verhältnis zu unserem Engel in einem tiefen Sinne. Sie wird vielleicht zunächst nur zu erringen sein im Anschluß an die sich vertiefende Erfahrung, daß unser Leben geführt ist, daß allem, was mir zustößt, kein Zufall zugrunde liegt, sondern Weisheit und Liebe. Wenn mir solche Erfahrung zukommt, dann kann ich sie auch auf die Zukunft anwenden. Ich kann sie in Vertrauen umwandeln. Ich kann mir sagen, daß alle Schicksalsereignisse eingewoben sind in den größeren Sinnzusammenhang, in dem der Engel waltet in Übereinstimmung mit dem Willen der Gottheit. Und dieses Vertrauen kann ich stärker und stärker werden lassen. Dann wird auch diese Seelenstimmung zu einer stark wirkenden Macht. Nicht nur, daß sie unsere Seele vor unnötiger Sorge und Unruhe, aber auch vor übertriebener Selbstbezogenheit schützt; – sie verbindet uns vor allem stärker mit unserem Engel, sie öffnet unsere Seele den Inspirationen und Winken, die von ihm kommen; ja sie gibt auch dem Engel selbst stärkere Kraft, unsere Schicksalswege mit größerer Entschiedenheit auszugestalten, manchen Umweg abzukürzen, unsere Fähigkeiten zu erweitern und vermehrt in den Dienst anderer Menschen zu stellen.

Dankbarkeit und Vertrauen werden schließlich zur Liebe, Liebe zu unserem Schicksal; Liebe zu dem, der in unserem Schicksal sein eigenes Schicksal hat.

Zum Schluß dieses Kapitels sei nun noch auf die besonderen Augenblicke in der Beziehung zum Führer unseres Schicksals hingedeutet; sie sind vor allem von zweierlei Art: Augenblicke der Gnade und Augenblicke der Prüfung.

Lange Zeit mag manchmal unser Leben im gleichmäßigen Strom dahinfließen. Dann aber heben sich die Momente heraus, in denen wir besonders begnadet werden, in denen uns eine besondere Schicksalsgunst zuteil wird – eine beglückende Menschenbegegnung etwa –, wo uns besondere Fähigkeiten zuwachsen oder etwas Ungewöhnliches gelingt; kurz: in denen wir auf der Woge des Lebens emporgetragen werden. Jedes Lebensalter hat solche Momente in sich – die Kindheit steht meist ganz im Lichte solcher Beseligung; die erste Liebe, Erfüllung in der Ehe, Geburt eines Kindes, Anerkennung im Beruf … Und jedes Schicksal hat dazu die besonderen Schicksalsmomente, die als Gnade in das Leben hereinleuchten.

Wer aufmerksam ist, wer solche Augenblicke nicht nur hinnimmt und selbstsüchtig genießt, wer den Blick erhebt und dorthin lenkt, wo das Schicksal waltet, der kann dann gewiß ahnend dem Genius seines Lebens begegnen.

Solche Augenblicke sind Gnade; sie sollen uns bereichern, erheben, stärken und mit Vertrauen erfüllen. Aber sie dürfen nicht allein stehen; denn dann würden wir rasch schwach und lässig werden. Wem das Schicksal nur Glück beschert, ist in großer Gefahr; er bedarf besonderer Wachheit und Initiative.

Der Engel selbst sorgt dafür, daß unser Verhältnis zu ihm nicht sentimental und einseitig wird; es bedarf immer wieder der Prüfung, der Ernüchterung und dadurch der inneren Erkraftung. Wer angesichts von Leid und Schmerz, von Schicksalsschlägen und Enttäuschungen Dankbarkeit, Vertrauen und Liebe zu seinem Schicksal aufrecht erhalten kann, wer in den herben Runen des Lebens das Antlitz des Engels mitschaut – der wird aus einem Leidenden und Duldenden zum *Überwinder*; er wird die Nähe und Führung der geistigen Welt immer deutlicher erfahren und immer tiefer lieben lernen.

Die Nähe des Engels in Gebet
und Fürbitte

Wir wollen nun noch der besonderen Möglichkeiten gedenken, die dem übenden Menschen als Gelegenheiten der Engelerfahrung gegeben sind: Gebet und Fürbitte.

Es sei zunächst an die Voraussetzung für solche Erfahrung erinnert: die innere Ruhe, die Ausgeglichenheit der Seele. Sie wird am leichtesten am Abend herzustellen sein, wenn die Geschäftigkeiten des Tages abgeklungen sind; aber selbst dann fällt es uns Heutigen nicht leicht, wirkliche Ruhe herzustellen; ja gerade das strenge Streben nach Ruhe versetzt uns andererseits wieder in innere Spannung und Nervosität, die verhindern, was wir erstreben; seelische Verkrampfung und neuer Streß (um ein Modewort zu gebrauchen) sind die Folgen.

Man möge deshalb einen ganz anderen Weg einzuschlagen versuchen: In die Erinnerung trete ein Naturbild, das wir irgendeinmal tief in die Seele aufgenommen haben und das unendliche Ruhe atmet – etwa der Anblick schneebedeckter Berggipfel mit ihrer Ewigkeitsnähe, oder eines klaren, ruhigen Sees im Abendlicht. Man lebe und atme einige Zeit in der Ruhe dieses Erinnerungsbildes; man lasse es so lebhaft und deutlich wie möglich in der Seele da sein und seine Ruhe in sich überströmen; wer solche Naturbilder noch nicht erlebt hat, suche sie bei nächster Gelegenheit auf.

Nun gehe man dazu über, sich vorzustellen, daß solche Ruhe auch in den Tiefen der eigenen Seele da ist; diese Vorstellung ist richtig; denn nur die Oberfläche unseres Wesens ist – wie die Oberfläche des Meeres – bewegt und unruhig; in den unendlichen Tiefen der Seele herrscht – wie in den Tiefen des Meeres – absolute Ruhe und Stille. Aber es ist nicht die Ruhe aus Unbewegtheit und Unbeweglichkeit, es ist keine innere Starre; sondern es ist da Ruhe aus Wissen und Vertrauen, strömende, tiefe Ruhe.

Diese Tiefen unseres eigenen Wesens sind unberührt von dem, was uns Unruhe und Sorge macht; und wir können hinzufügen: Sie sind unmittelbar verbunden mit dem Wesen unseres Engels. Er, der den sinnvollen Zusammenhang unseres

Schicksals schaut, der die Zukunft kennt und sie in Übereinstimmung mit unserem Schicksal weiß, er lebt so selbst im Vertrauen auf das, was kommt, das aber heißt: in der Ruhekraft ewigen Seins, ewiger Liebe.

Wenn wir so an die Ruhe anschließen, die aus den Tiefen unseres eigenen ewigen Daseins aufsteigt, können wir den Zusammenhang mit dem Engel fühlen, der selbst in dieser Ruhe lebt. Ja, wir können uns jetzt geradezu ein Bild machen, wie er hinter uns steht, die Flügel über uns, um uns, unter uns gebreitet, Ruhe ausströmend, sich der Ruhe unseres Wesens vereinend, in der Ruhe des Ewigen atmend und lebend. Für manche Menschen mag noch eine weitere Vorstellung hilfreich sein: sich diese Ruhe von einem ruhigen Klang, von einer ruhig-bewegten Melodie erfüllt zu denken, die uns umgibt und durchdringt, und die ruhig-atmende, innere Kraft ausströmen kann.

Auf diese Art schließen wir uns an Bilder und Empfindungen an, die objektiv da sind, die wir gleichsam um uns »aufstellen« (man vermeide dabei den Anschluß an irgendwelche Leibesempfindungen, an Körperwärme, Atemrhythmus oder ähnliches) und die geistig richtig sind. Von solchen Bildern und Empfindungen geht bei einiger Übung die Ruhekraft aus, die wir für die Augenblicke der Besinnung und des Gebetes haben wollen.

Eine Frage mag sich an das bisher Dargestellte als sehr naheliegend anschließen: Wird sich nun nicht auch das Gebet an den Engel richten? Allein – das gerade ist nicht der Fall. Wir haben im vorigen Kapitel von den Empfindungen der Dankbarkeit, des Vertrauens, der Liebe gesprochen, die wir dem Engel zuwenden; beten sollen wir vor allem auch im Sinne des christlichen Urgebetes, des Vaterunsers, nicht zu dem eigenen Engel, sondern zu der Gottheit selbst (über den besonderen Fall der Fürbitte: siehe unten).

Bei dieser Frage können wir uns zweier Stellen aus der »Offenbarung des Johannes« erinnern, die sich ausdrücklich auf die Engel-Anbetung beziehen:

»Da fiel ich ihm zu Füßen, ihn anzubeten, er aber sprach zu mir: Nicht doch! Ein Mitknecht bin ich von dir und deinen Brüdern, die das Zeugnis Jesu haben. *Gott bete an!*« (Apokalypse 19, 10).

»Ich, Johannes, bin es, der dies hörte und schaute. Als ich es gehört und geschaut hatte, fiel ich zu Füßen des Engels, der mir dies zeigte, nieder, um ihn anzubeten.

Er aber sprach zu mir: Nicht doch! Ein Mitknecht bin ich von dir und deinen Brüdern, den Propheten, und von denen, die festhalten an den Worten dieses Buches. *Gott bete an!*« (Apokalypse 22, 8 und 9).

An diesen Stellen wird auch deutlich, wie der Engel, der weit über dem Menschen steht, sich seinerseits in den göttlichen Willen eingebunden fühlt.

Es liegt darin die wichtige Korrektur einer möglichen Vereinseitigung, in die wir mit den Bemühungen um die Erfahrung unseres Engels leicht geraten können und auf die wir hier mit aller Deutlichkeit hinweisen wollen: Es ist die Gefahr des Egoismus.

Denn nur zu leicht bringt die Beschäftigung mit dem eigenen Schicksal diese Gefahr herauf, wie im Egoismus überhaupt *die* Abirrung jeden religiösen und geistigen Lebens liegt. Das recht verstandene Gebet wirkt dem entgegen. Denn es ist gerade nicht allein auf das eigene Leben und Wohlergehen gerichtet, sondern spannt sich weit aus bis hin in das Wesen der Gottheit und umschließt in dem »Unser« andere Menschen und Wesen.

Damit liegt in dem recht verstandenen Gebet der Ausgleich, welcher notwendig ist, wenn wir so stark wie in diesem Buch auf das Erleben des eigenen, nur uns zukommenden Schicksals hinarbeiten. Darin liegt an sich etwas Gutes und den einzelnen Menschen Förderndes; aber es wird zur Einseitigkeit und zur Gefahr, wenn es nicht andererseits durch die Hinwendung zur Welt und zu den anderen Menschen ergänzt und sinnvoll eingeordnet würde. Besteht doch der Sinn alles dessen, was wir uns erarbeiten und erringen, letzten Endes darin, es dem Weltganzen dienstbar zu machen.

Diese Gesinnung fördert und stärkt das richtige Gebet, vor allem das Vaterunser selbst; denn es lenkt schon gleich mit den ersten Worten von uns selbst ab zu dem hin, was allem Weltendasein zugrunde liegt: Zu der väterlich waltenden Gottheit; damit sind wir sofort in das Ganze der Welt hineingestellt.

Im Gebet lebt in Wahrheit die resolute Hinwendung zum Weltganzen, die Einordnung unseres Seins in »Sein Sein«, in das Sein der Gottheit. Wenn wir so beten, dann – können wir sagen – betet der Engel mit; denn auch er bedarf ja der

Erkraftung und Stärkung aus dem Bereich der Ewigkeit, in dem er leben will, aus dem heraus er aber immer wieder durch unsere eigene Erdverhaftung in das Irdische heruntergezogen zu werden droht. Wenn wir beten, vermag der Engel selbst in vollem Maße in die Gründe des ewigen Waltens einzutauchen, mit uns in die Nähe des Vaters allen Daseins gerückt. Und wir können uns vorstellen, wie unsere eigenen schwachen Worte und Gedanken gleichsam wie auf den Schwingen des Engels vor den Thron der Gottheit emporgetragen werden und dort in seinem Lichte leuchten. Dies lebt auch in dem Bilde der »Offenbarung des Johannes«, die zeigt, daß Engel zu den Gebeten der Menschen »Weihrauch hinzutun«:

> »Und der andere Engel kam und trat mit einem goldenen Rauchgefäß an den Altar. Ihm wurde viel Räucherwerk gereicht, damit er es zu den Gebeten aller Geist-Ergebenen spendete auf dem goldenen Altare angesichts des Thrones« (Apokalypse 8, 3).

Die Engel »nehmen« sich des Gebetes der Menschen »an« und »machen etwas daraus«, »substantiieren« sie, legen ihnen Substanz bei, »bringen sie vor Gott«.

Nicht *zu* unserem Engel sollen wir beten, sondern *mit* ihm. Und es ist von weitreichender Bedeutung für das Verhältnis zu unserem Engel, ob wir das Gebet üben oder es nicht tun. Deshalb sollten schon die Kinder angeleitet werden, die rechten Worte des Gebetes in der rechten Art sprechen zu lernen. Es gibt eine schöne mittelalterliche Darstellung aus Irland, die einen kleinen betenden Menschen zeigt, und ihn umgebend und überragend den Engel – auch betend. In diesem Bilde ist Wahrheit.

Wir möchten an dieser Stelle noch an einen Tatbestand anknüpfen, den Rudolf Steiner aus seiner Geistesforschung heraus dargestellt hat. Er führt aus, daß der Mensch des Nachts eine Begegnung mit dem Engel haben kann, daß diese Begegnung aber nur möglich ist, wenn der Mensch am Tage sich nicht völlig den Gedanken des Irdischen hingegeben, sondern etwas von geistigen Gedanken aufgenommen hat. Fehlt es an solchen Gedanken, dann findet der Engel in der Seele des Menschen nichts, woran er anknüpfen kann, und eine Begegnung kann nicht stattfinden oder bleibt doch dumpf und unerfüllt.

Hier sehen wir in die ganze Tragik unseres Zeitalters. Denn mehr und mehr ist der Menschheit das Geistige im Bewußtsein entschwunden, und damit schwindet mehr und mehr die Möglichkeit, wenigstens im Nachtbereich dem Engel zu begegnen. Das aber heißt, daß die Menschen auch immer mehr von ihrem eigenen Schicksal abgeschnitten zu werden drohen. Wir kommen damit auf ein Motiv, das wir in einem späteren Kapitel noch ausführlicher behandeln werden, und das die Hemmungen und das Ringen im Schicksalsbereich zum Inhalt hat. Das Engelwirken ist heute umkämpft.

Was bedeutet es, wenn ein Mensch des Nachts seinem Engel nicht mehr voll begegnen kann? Er lebt zwar weiter, auch das Schicksal wirkt; aber er *er-lebt* nichts, und das Schicksal *bewirkt* nichts mehr; eine Entwicklung in der Seele findet nicht mehr statt.

Jeder, der offenen Auges in unserer Zeit steht, weiß, daß sich solches Abgeschnitten-Sein vom eigenen Schicksal hundertfach zu vollziehen droht. Es ist die Folge der geistigen Verödung unserer ganzen Kultur. Wer das durchschaut, erkennt gleichzeitig, wie heute nichts wichtiger ist als die Erneuerung des geistigen und religiösen Lebens; denn alles andere hängt davon ab, daß die einzelnen Menschen zu sich selbst und dadurch zueinander finden.

Was ereignet sich nun in der nächtlichen Begegnung zwischen Engel und Mensch? Wir können hier noch eine wichtige Ergänzung zu dem Thema des vorigen Kapitels einbringen; denn bisher konnte es immer noch so scheinen, als seien wir selbst als Menschen an unserem Schicksal ganz unbeteiligt, als komme es uns zwar durch die Weisheit und Liebe unseres Engels im Zusammenwirken mit der Gottheit, nicht aber durch unsere eigene Mitwirkung zu.

Das ist aber nicht so. Schon aus dem Vorgeburtlichen heraus sind wir im vollen Sinne am Planen und Vorbereiten unseres Schicksals mitbeteiligt. Wir nehmen dabei bewußt teil an der Überschau, die unser Engel hat; ein Zusammenwirken zwischen Mensch und Engel findet da statt.

Und dieses Zusammenwirken setzt sich fort, indem wir nachts die Begegnung mit dem Engel haben dürfen; wir haben erneut Einblick in die Zusammenhänge, die unser Leben bestimmen; wir werden tief bestärkt und impulsiert, unser

Schicksal zu leben, zu erleben und daran zu reifen. Ja, wir wirken mit an den Fäden, die geknüpft oder neu angesponnen werden müssen.

All dieses fällt weg, wenn die Begegnung mit dem Engel in der Nacht nicht erfolgen kann; und das Schicksalswirken verliert seine Kraft, wird wirkungslos.

Von diesen Erwägungen aus fällt noch einmal Licht auf die Frage des Gebetes. Wer betet, lebt in Gedanken, die aus dem Geiste stammen; der Wortlaut des Vaterunsers ist aus dem Geiste Christi; eine höhere Geisteskraft gibt es nicht auf der Erde und im Weltall. Wer das Vaterunser bewußt zu beten sucht, schließt sich dieser Geisteskraft an. Das führt zur nächtlichen Begegnung mit dem Engel.

So sagt es auch ein Wortlaut Rudolf Steiners, den er als hilfreich für den Moment vor dem Einschlafen gegeben hat:

»Ich schlafe ein. Bis zum Aufwachen wird meine Seele in der geistigen Welt sein. Da wird sie der führenden Wesensmacht meines Erdenlebens begegnen, die in der geistigen Welt vorhanden ist, die mein Haupt umschwebt; da wird sie dem Genius begegnen. Und wenn ich aufwachen werde, werde ich die Begegnung mit dem Genius gehabt haben. Die Flügel meines Genius werden herangeschlagen haben an meine Seele« (*Aus einem Vortrag vom 20. Februar 1917, Berlin*).

In solche Stimmung des Einschlafens darf man dann auch mancherlei Fragen an den Engel mitnehmen, die einem das Schicksal oder Konflikte auferlegen; eine *direkte* Antwort wird nur in seltenen Fällen eintreten, aber oft wird sich dann eine Antwort in unerwarteter Art ergeben, wenn man sorgsam beobachtet.

Es gibt nun viele Anlässe, eines Menschen nicht nur im allgemeinen Gebet, sondern in besonderer *Fürbitte* zu gedenken. Und gerade die Gedanken, welche im Hinblick auf die erlöschende Schicksalswirkung soeben ausgeführt wurden, können uns immer neu zur Fürbitte für andere Menschen anregen; denn in der Fürbitte für einen Menschen kann eine schicksalweckende Kraft liegen, die, was da zu erlöschen droht, wieder anfacht – durch die Liebe und innere Anteilnahme, welche ein Mensch in der Fürbitte einem anderen zuströmen läßt. Im allgemeinen wird man das, was einen im Hinblick auf das besondere Schicksal eines anderen Menschen bewegt, in das Beten des Vaterunsers einschließen können. Und doch können Momente eintreten, in denen wir uns zu besonderer Fürbitte veranlaßt fühlen.

Ist solche Fürbitte wirksam? Und wenn sie wirksam ist: Greifen wir dann nicht unberechtigt in das Schicksal eines anderen Menschen ein?

Auf die erste Frage – nach der Wirksamkeit der Fürbitte – darf klar gesagt werden: Jeder Gedanke, jedes Gefühl, die wir einem anderen Menschen zusenden, ist wirksam; gerade darum muß man darauf achten lernen, wie die Art der Gedanken und Gefühle ist, die man für einen anderen Menschen hegt. Im höchsten Grade *gut* wird das wirken, was man aus selbstlosem Mitfühlen mit dem anderen für ihn seinem Engel anvertraut.

Aber Selbstlosigkeit muß in der Fürbitte sein, und zwar nach zwei Richtungen: So, daß wir nicht zugleich unsere eigenen Absichten in die Bitte hineinlegen und damit auch etwas für uns Wünschenswertes suchen; und zweitens auch so, daß wir nicht das notwendige Schicksal des anderen Menschen verändern wollen (z. B. wünschen, daß er leben bleibt, wenn ihm das Ende des Lebens bestimmt ist); auch hier muß, wie in jedem Gebet, in vollem Maße gelten: »Dein Wille geschehe!« Es kann und soll sich also nicht um ein Eingreifen in das Schicksal handeln.

Und doch ist die Fürbitte wirksam. In welchem Sinne? Auch hier kommen wir zu einer richtigen Vorstellung, wenn wir dabei an den Engel des Menschen denken; an ihn können wir uns mit der Fürbitte wenden; ihm strömt zu, was als Kraft aus unserer Seele hervorgeht; er kann es aufnehmen, und es wird in ihm zusätzliche Kraft der Schicksalsverwirklichung, ein Zuschuß, den er nun zum Heile des ihm anvertrauten Menschen verwenden kann, so wie es im Sinne des ihm auferlegten Schicksals sein darf. So wird ein Kranker durch Fürbitte vielleicht nicht oder nicht gleich geheilt; denn die Krankheit ist wahrscheinlich im Schicksal notwendig und sinnvoll. Aber dem Kranken erwächst vielleicht durch die Fürbitte mehr Mut, mehr Kraft, die Leiden zu erdulden; die Fähigkeit, das Schicksal zu bewältigen, wird stärker.

Geburt und Tod
Engelbotschaft

Wie sich Gebet und Fürbitte im inneren Erleben als die beiden besonderen »Orte« der Engelbegegnung erweisen, so im Schicksalserleben des Menschen Geburt und Tod.

Im Evangelium tritt uns diese Tatsache zunächst in den Geburtsgeschichten bei Matthäus und Lukas entgegen: Sie sind erfüllt von Engelerscheinungen. Dann aber ziehen sich die Engel gleichsam zurück (nur nach der Versuchung erscheinen sie noch einmal); sie überlassen das Feld den »Dämonen«, mit denen der Christus den Kampf aufnimmt, um erst gegen Ende der Evangelienberichte, in Tod und Auferstehung, wieder handelnd da zu sein.

Das Evangelium weist mit dieser Anordnung der Engelerscheinungen auf ein allgemeines Lebensgesetz. Nicht, als ob die Engel – wie wir nun schon vielfach ausgeführt haben – nicht das *ganze* Leben über wirksam wären und den Menschen begleiteten; doch sind die beiden Tore des Lebens – Geburt und Tod –, die zugleich die beiden Schwellenübergänge von der geistigen Welt in das Irdische, vom Irdischen in die geistige Welt darstellen, mit besonderer Engelnähe und Engelbotschaft begnadet.

Im Lukasevangelium trägt der Engel die Kunde von der bevorstehenden Geburt eines Kindes an Zacharias (Verkündigung der Johannes-Geburt, Lukas 1) und an Maria (ebenfalls Lukas 1) heran. Im Alten Testament haben wir ähnliche Schilderungen: Dem Abraham und der Sarah wird der Sohn Isaak durch drei Engel angesagt (I. Mosesbuch, Kapitel 18); Simsons Geburt geht eine Engelbotschaft an Manoah und seine Frau voraus (im Buch Richter, 14. Kapitel).

Solche Darstellungen weisen uns auf Vorgänge, die in *jedes* Menschen Leben eine Rolle spielen, die gleichsam den Goldhintergrund jeder irdischen Empfängnis und Geburt bilden. Eine Frau, die ein Kind »empfangen« hat, unterliegt einer tiefgreifenden Veränderung, indem die leiblichen Vorgänge sich der Tatsache der Schwangerschaft, der Bildung neuen Lebens, anpassen müssen. Aber nicht nur im *leiblichen* Organismus ist jetzt noch mit einem anderen Lebenswillen, mit neuen Lebensprozessen zu rechnen: Auch die *Seele* der Mutter ist verändert; denn die Seele des Kindes, die aus der geistigen in die irdische Welt hinunterwirkt, ist nun schon da. Die Zeit der Schwangerschaft wird so für die Mutter zur Zeit der Ahnungen, die sich steigern können bis zum zarten Erleben einer engelhaften Gegenwart, in der sich das Kindeswesen ankündigt.

Die Verkündigung des Engels an die Maria ist wie das Urbild für eine aus dem Geistigen sich ankündigende Nähe, in der das Kind wie auf den Flügeln des Engels getragen erlebt werden kann. Eine solche Nähe umgibt jede werdende Mutter – wenn auch die Zeitverhältnisse heute so wirken, daß dies oft kaum geahnt, selten mehr oder weniger deutlich erlebt wird. Eine Aufgabe der religiösen Erziehung ist es, auf solche Erfahrungen wieder hinzuweisen und zu zeigen, wie durch das richtige Verhalten nicht nur im *leiblichen*, sondern gerade auch im *seelisch-geistigen Bereich* das werdende Leben des Kindes behutsam aufgenommen und in das Irdische hineingetragen werden kann.[10]

Noch ein weiteres Wahrbild tritt uns im Lukas-Evangelium (2. Kapitel) entgegen: das Bild der den Hirten sichtbar werdenden Engelchöre, welche den weihnachtlichen Lobgesang über der Geburt des Jesusknaben hörbar werden lassen.

Gewiß gehört diese Schilderung zunächst im besonderen Sinne zu *dieser* Geburt, zur Geburt des Jesus-Knaben, dessen Erscheinung auf Erden etwas Einzigartiges darstellt. Und doch kann man sagen, daß wiederum über jedem Kind der Himmel offen ist, und daß über jedem Kinde – zwar nicht ein Engelchor, aber doch etwas von Engelnähe und Ewigkeitslicht erscheint: Welche Mutter, welcher unbefangene Mensch hätte nicht ein unmittelbares Erlebnis davon. Über den kleinen Kindern – und dies Element bewährt sich ja sogar, allerdings sich immer mehr vermindernd, über die Jahre der Kindheit – wirkt etwas von Offenheit und Unmittelbarkeit, die uns immer wieder anrührt. »Ihre Engel in den Himmeln sehen allezeit das Angesicht meines Vaters in den Himmeln« – dies Wort des Christus (Matthäus 18, 10) mag uns in seiner Wahrheit unmittelbar einleuchten. Etwas davon strahlt über jeder Kindheit. Die Engel sind es, die den Menschen zur Erde geleiten; ihr Glanz umgibt uns noch eine Zeitlang auf dem Wege, den wir zu

[10] Marta Heimeran, *Von der Religion des kleinen Kindes*, Stuttgart 1957.

beschreiten haben. Etwas von ihrer Botschaft vermag jeder zu vernehmen, der sich unbefangen einem Kinde gegenüberstellt.

Der Glanz erlischt, die Botschaft verstummt; auch im Evangelium – so haben wir gesehen – treten während des Erdenlebens des Christus die Engelerscheinungen zurück; dafür beginnt die Auseinandersetzung mit den Widersachern.

Diese Auseinandersetzung ist – wir wollen dies nicht übersehen – natürlich auch im Kindesalter schon da, besonders heute. Nicht nur die Engel wirken in die Kindheit herein; aber ihr Hauch ist doch deutlich spürbar. Später verschwindet er; nur in den seltenen, großen oder auch stillen Augenblicken dürfen wir ihn an uns oder an anderen Menschen wahrnehmen. *Ringen* müssen wir nun – *gegen* die Nähe des Bösen – und *um* die Nähe des Engels.

Die Engelerscheinungen setzen im Neuen Testament mit der Todesnähe und den Ereignissen nach dem Tode wieder ein: Ein Engel erscheint im Garten Gethsemane, um den Leib des Christus Jesus zu stärken; Engel verkünden am Grabe den Frauen und den Jüngern seine Auferstehung. Sprechen sich auch hier allgemeine, *jeden* Menschen betreffende Urbilder aus?

Diese Frage kann man nicht einfach mit »ja« beantworten; denn das Sterben eines Menschen ist heute eine außerordentlich individuelle Angelegenheit; sie hängt sehr stark mit seinem Gesamtschicksal, oft auch mit der Art seines Lebens und Strebens zusammen. Und doch: oft umgibt auch das Lebensende eines Menschen – nicht selten durch ein schweres Todesringen hindurch – ein eigenartiger Glanz. Dieser Glanz ist meist anders als in der Kindheit; er ist reif und streng, schwer von Ewigkeit, voller Ernst. Aber er kann da sein. Und dann ist auch das wieder da, was über das nur Menschliche hinausragt: die Nähe des Engels. Im Tode können wir sie erleben.

Engelnähe am Abend und am Morgen des *Tages*, erlebbar in Gebet und Fürbitte. Engelnähe auch am Morgen und am Abend des *Lebens*, in Geburt und Tod; und auch diese Augenblicke unseres Schicksals sollten von Gebet und Fürbitte umgeben, von ihnen eingehüllt sein, um ihre Engelnähe zu steigern und unser Erleben für sie stark und lauter werden zu lassen.

Aber wie verschieden wird diese Nähe erlebt! In der Kindheit überwiegt Reinheit, Offenheit, Herzenskraft; im Tode Strenge, Größe, Atem der Ewigkeit. Vielleicht darf man sagen, daß sich in beidem jeweils *eine* Seite des Engelwesens offenbaren kann; denn beides: Kindeskraft und Todesstrenge – lebt in ihm; oder auch: in beiden kann er leben, die Gegensätze in seinem Wesen stark und groß und rein vereinend.

Natur und Kunst
Engelerfahrung

Die Darstellung der Bereiche, in denen heute anfängliche Engelerfahrungen möglich sind, wäre unvollständig, würden wir uns auf die Erfahrungen im Inneren und in der Schicksalssphäre beschränken. Vielmehr muß nun auch auf manches hingewiesen werden, was in der Welt *um uns*, vor allem in Natur und Kunst, lebt. Wir haben schon im ersten Teil des Buches im Kapitel »Himmlische Musikanten« an die Erlebnisse erinnert, die durch die Musik an den Menschen herankommen. Sehr leicht erfahren wir da etwas von der Welt, die über uns Menschen waltet; und sehr deutlich können wir erleben, wie aus jener Welt etwas wie mit dem Flügelschlag des Geistes in die unsere hereindringt und sich in den mannigfaltigsten Wirkungen geltend macht.

Freilich haben wir es hier bereits mit übergeordneten Wirkungen zu tun, nicht mehr nur mit dem, was von dem Engel eines einzelnen Menschen ausgeht. Und je nach Art der Musik, auch je nach Art und Größe des Orchesters und der Zuhörerschaft, und je nach Art der jeweiligen Situation mögen die Wirkungen der Musik oft auch nicht nur aus dem Bereich der Erzengel, sondern aus noch höheren hierarchischen Bereichen in das Irdische einstrahlen. Die Gestimmtheit der Anwesenden, die Intention des Dirigenten mögen dabei eine große Rolle spielen.

Ich erinnere mich an die Größe und Gewalt – ja, man muß sagen: Wucht – mancher Konzerte nach Kriegsende; als es zum ersten Mal wieder möglich wurde, in die erschütterten Seelen der Menschen die Klänge der h-moll-Messe von Bach hereinklingen zu lassen. Da konnte man den Eindruck haben, daß selbst aus der Region der Urkräfte – menschlich gesprochen – »ein Interesse« da ist, daß solche Musik erklingt.

Was so vom Musik-Erleben gesagt werden kann, trifft in gewisser Weise auch für das Erleben der *Sprache* zu; wir wollen darüber eigens im nächsten Kapitel, das den Erzengeln gewidmet sein wird, etwas aussagen.

Sehr viel schwerer scheint es zu sein, in anderen Bereichen

der Kunst an vergleichbare Erlebnisse heranzukommen. Es hängt dies damit zusammen, daß die anderen Künste vorzugsweise durch das Auge, Musik und Sprache aber durch das Ohr wirken; wir haben schon davon gesprochen, daß durch das Auge eine mehr äußerliche, durch das Ohr eine innerlichere Wirkung gegeben ist.

Freilich wird selbst hier dem aufmerksamen Betrachter nicht entgehen, wie auch den bildenden Künsten – Malerei, Plastik, Architektur – jene Ausstrahlung eigen ist, die die Seele des Menschen für geistige Eindrücke zu öffnen und ihm die Wirklichkeit und Wirksamkeit des Übersinnlichen nahezurücken vermag. Um dies zu bemerken, ist gesteigerte Aufmerksamkeit nötig, die unserer von Sinneseindrücken überfluteten Zeit immer schwerer wird.

Aber einmal darauf aufmerksam, wird man sich schon angesichts eines bedeutenden Kunstwerkes zum Bewußtsein bringen können, aus welchem Geiste heraus es gestaltet ist und welcher Geist deshalb durch es auf den Betrachter wirkt. Wir dürfen uns hier an den Eindruck erinnern, den Goethe bei der Betrachtung griechischer Plastiken auf seiner Italienreise hatte, und den er in die Worte zusammenfaßte: »Hier ist Notwendigkeit, hier ist Gott!« Er konnte sich tief berührt fühlen davon, daß hier geistig Wesenhaftes unmittelbar aus irdischen Formen zu ihm sprach.

Eine Kunst muß besonders erwähnt werden, die in der Gegenwart und in der Zukunft immer mehr berufen sein wird, in die Menschheit etwas von den Eindrücken hereinzuführen, von denen wir hier sprechen: Es ist die Eurythmie, die durch Rudolf Steiner geschaffene Bewegungskunst.

Sie hat dadurch, daß in ihr mehrere Künste – Sprache und Bewegung, oder Musik und Bewegung – in einer höheren Einheit zusammenwirken, ganz besondere Begnadung, den Flügelschlag der Engel in das Irdische hereinwehen zu lassen. Durch sie eröffnen sich ungeahnte Möglichkeiten für das menschliche Erleben; was schon heute auf diesem Felde errungen ist, legt davon Zeugnis ab.

Wir haben bisher vom Wahrnehmen künstlerischer Darbietungen, vom Kunsterleben, vom Kunstgenuß gesprochen. Wir wollen aber anmerken, daß auch in der eigenen, vielleicht noch so bescheidenen künstlerischen Tätigkeit die Elemente erscheinen können, die unser Sein mit einem höheren Sein verbinden. Die tiefe Befriedigung, welche aus dem künstlerischen Arbeiten erwächst, liegt ja zunächst im Tätigsein, im Produktiv-werden selbst, unabhängig davon, was das Ergebnis des Arbei-tens ist. Dadurch, daß wir uns im künstlerischen Tun der reinen Zweckgebundenheit, der Nützlichkeit, entreißen, denen sonst unsere Arbeit unterliegt, kommen wir in den Bereich innerer Freiheit und schöpferischen Handelns und berühren uns so mit dem Bereich, in welchem die höheren Wesen leben.

Die *Kunst* ruft durch die Tätigkeit des Menschen höhere Kräfte in die irdische Welt herein; die Natur ist von vornherein auf naturhafte Art von solchen höheren Kräften durchdrungen. Wenn es wahr ist – wie wir am Anfang des Buches angedeutet haben –, daß alles Materielle seinen Ursprung und seine Gestaltung aus dem Geistigen erfahren hat, so muß auch heute noch ein inniger Zusammenhang zwischen der Natur und dem Wirken hierarchischer Wesen bestehen.

Dieser Gedanke ist nicht fern der Erfahrung. Denn wohl jeder Mensch kennt die Augenblicke, wo die Natur mit Macht oder Übermacht zu ihm spricht – im Hochgebirge, am Meer, im Gewitter, durch Sonnenaufgang oder die geheimnisvolle Stim-mung der Nacht. Allerdings geht auch dafür im Zeitalter der Fototechnik die Eindrucksfähigkeit der Seele zurück; denn die Fotografie, das Diapositiv, die farbigen Schatten auf Kinolein-wand und Fernsehschirm täuschen das ursprüngliche Leben zwar vor, sind aber selbst tot. An ihnen ist ein übersinnlicher Eindruck nicht zu erfahren. Um so stärker kann er im unmittel-baren Naturerleben da sein; wir können unsere Seele daran weiten und in die offene Seele etwas aufnehmen, was reiner, größer, machtvoller ist als wir selbst. Es ist verständlich, daß das Naturerleben für manche Menschen geradezu zum Ersatz für das religiöse Leben wird.

Die Natur ist überall unmittelbar von Wirkungen durchdrun-gen, welche von geistigen Wesen ausgehen. Sie ist selber Außenseite geistiger Wesenhaftigkeit. Im Alten Testament wird diese Erfahrung z. B. im 104. Psalm bezeugt, wenn es da heißt: »Du machst Winde zu deinen Engeln, und zu deinen Dienern Feuerflammen«, oder wenn das Henochbuch und das Jubiläenbuch, die beide zu den »Apokryphen« des Alten Testaments gehören, von Engeln des Feuers, des Schnees, des Reifs, des Donners, des Blitzes, der Ernte, des Sommers und des Winters berichten.

Im Neuen Testament begegnet uns das Wissen um die Naturwirkung der hierarchischen Wesen bei der Heilung des Kranken am Teich Bethesda, wo von dem Engel die Rede ist, der »das Wasser bewegt« (Johannes 5). Und die »Offenbarung des Johannes« ist erfüllt von Darstellungen, die das Engelwirken im Zusammenhang mit Naturereignissen zeigen. Die gleiche Erfahrung bezeugt Ambrosius von Mailand (4. Jahrhundert) mit den Worten: »Die Luft, die Erde, das Meer – alles ist erfüllt von Engeln.« Wir finden sie vielfach in den Anschauungen des Mittelalters, aber z. B. auch bei Shakespeare, wenn es in seinem *Kaufmann von Venedig* heißt:

Sieh, wie die Himmelsflur
ist eingelegt mit Scheiben lichten Goldes!
Auch nicht der kleinste Kreis, den du da siehst,
der nicht im Schwunge wie ein Engel singt
zum Chor der hellgeaugten Cherubim.
So voller Harmonie sind ewige Geister:
Nur wir, weil dies hinfällig Kleid von Staub
uns grob umhüllt, wir können sie nicht hören.

Daß solche Anschauungen auch mit einer naturwissenschaftlichen Betrachtungsweise durchaus vereinbar sind – dies zu zeigen überschreitet den Rahmen unserer Arbeit. Wir können uns hier mit dem Hinweis auf die geisteswissenschaftliche Naturerkenntnis begnügen, welche den inneren Zusammenhang der Naturerscheinungen mit geistig-wesenhaften Kräften heute schon in einer differenzierten Weise zu zeigen in der Lage ist.

Bis ins vorige Jahrhundert, bis hin zu Goethe – der nicht nur Dichter, sondern auch genialer Naturforscher war (*Metamorphose der Pflanze, Farbenlehre*) – reichen solche Anschauungen. Ja, selbst Kardinal Newman konnte noch am Ende des 19. Jahrhunderts in der Geschichte seiner inneren Entwicklung folgendes aussprechen, ohne unglaubwürdig zu wirken:

»Ich sage das von den Engeln: Jeder Luftzug, jeder Lichtstrahl, jede Ausstrahlung von Wärme, jeder herrliche Anblick sind in ihrem Sosein die Säume ihrer Gewänder, das Wehen der Kleider derer, die Gott von Angesicht zu Angesicht schauen.

Und wiederum frage ich, was wohl der Gedanke eines Menschen wäre, der, wenn er eine Blume, ein Kraut, einen Kieselstein oder einen Lichtstrahl untersucht, die er auf der Stufenleiter des Existierens als etwas ihm ganz Untergeordnetes ansieht, wenn der plötzlich entdeckte, daß er sich einem mächtigen Wesen gegenüber befindet, welches hinter den sichtbaren Dingen, die er untersuchte, verborgen war? Das Wesen verberge zwar seine weiße Hand, aber als Gottes Diener für diese Aufgabe habe es ihm ihre Schönheit, Anmut und Vollendung gegeben, ja jene Dinge, die man so eifrig untersuchte, wären nichts als ihr Gewand, ihr Schmuck? Darum bemerke ich, daß wir dankbaren und einfältigen Herzens mit den drei Jünglingen sagen dürfen: O alle ihr Werke des Herrn – lobet den Herrn. Preiset Ihn und verherrlicht Ihn in Ewigkeit.«[11]

Für den heute in der Stadt Lebenden sind eindringlichere Naturerfahrungen selten geworden und meist auf Ferienreisen beschränkt. Wir wollen daher auch von den bescheideneren, stilleren Erlebnissen sprechen, die unser alltägliches Leben bereichern, und deren wir schon im Zusammenhang mit der Dankbarkeit gedacht haben: die Blüte am Wege, ein Kinderblick, das Funkeln eines Sterns, das Lied einer Amsel ... Denn in ihnen vor allem leben die kleinen Lichtstrahlen, die der Engel in unser Leben sendet. Auf diese kleinen Dinge sollten wir achten und sie mit dem Bewußtsein der Engelnähe verbinden. In ihnen ist ein unerschöpflicher Reichtum da. Und es ist so, daß unser Engel durch die kleinen Sinneseindrücke des Alltags hindurch uns seine Nähe kundgeben will. Denn *er* ist es, der unseren Blick lenkt, daß uns etwas »auf-fällt«; *er* erweckt unser Ohr für ein Vogellied. »... Ist es auch ein Duft von Blumen nur ...« dichtet Christian Morgenstern.

In diesen Bereich der alltäglichen Erlebnisse leuchtet nun doch auch für den Stadtmenschen etwas herein, das zu den wichtigsten Erscheinungen der Natur gehört: die *Wandlung* des Naturgeschehens durch Frühling, Sommer, Herbst und Winter. An dieser Wandlung, die wir Jahr für Jahr gleichartig und doch immer wieder neu miterleben dürfen, kann in einzigartiger Weise der Sinn für das Umfassende gebildet werden, das in diesem Geschehen mitwirkt. Die »Stimmung« im aufkommenden Frühjahr, die ganz anders geartete »Stimmung« des Herbstes sind nicht nur Ausdruck von *Natur*vorgängen: Sie weisen auf *wesenhafte* Kräftebereiche, die mit dem Jahreslauf verbunden, ja dessen eigentliche Ursache sind.

Goethe hat etwas davon in Worte gebracht, wenn er Faust

11 Zitiert nach Alfons Rosenberg.

bei Betrachtung des Zeichens des Makrokosmos in die Worte ausbrechen läßt:

Wie alles sich zum Ganzen webt,
Eins in dem andern wirkt und lebt!
Wie Himmelskräfte auf und nieder steigen
Und sich die goldnen Eimer reichen!
Mit segenduftenden Schwingen
Vom Himmel durch die Erde dringen,
Harmonisch all das All durchklingen!

In diesem Zusammenklingen von Himmel und Erde sind die Kräfte der hierarchischen Wesen tätig; und insbesondere sind es Gabriel, Raphael, Uriel und Michael, welche sich – die Jahreszeiten bestimmend und dirigierend – »die goldenen Eimer reichen«, um Himmelskräfte in Erdenkräfte schöpferisch zu ergießen. Gabriel erscheint als dirigierender Erzengel in der Weihnachts- und Winterzeit, Raphael zu Ostern, im Frühling, Uriel – sein Name heißt »Gott ist Licht« – in der Zeit des höchsten Sonnenlichtes, und nicht umsonst ist die Herbsteszeit dem Erzengel Michael zugeordnet – der 29. September ist »Michaeli« –, denn in ihr spricht sich sein Grundcharakter, der das Irdische an die »Schwelle«, zum Geist-Erleben, führt, am deutlichsten aus.

Das Erleben der Jahreszeiten als *Wandlung* von Naturkräften wird in Zukunft wie nichts anderes wieder den Sinn dazu erwecken können, daß die Natur geistdurchdrungen ist. In dieses Erleben wird sich auch das Erleben der christlichen Feste wieder sinnvoll eingliedern.[12]

Solange die Eindrücke der Kunst und der Natur – im Großen wie im Kleinen – noch lebendig sind, solange ist die Menschheit von Gott und seinen Engeln doch nicht ganz verlassen. Daß die Erfahrungen an der Kunst und an der Natur aber wieder ihre volle Kraft gewinnen, dazu wird gerade das Wissen um die Wirksamkeit der Engelwesen unendlich viel beitragen können.

[12] Siehe Emil Bock *Der Kreis der Jahresfeste*, Stuttgart 1978.

Kultus und Engelwirken

Wir treten mit diesem Kapitel an Erlebnisbereiche heran, die den Kreis der mehr persönlichen Erfahrungen, den wir bisher berührt haben, überschreiten und hinüberführen in den Bereich, wo im gemeinschaftlichen Erleben etwas von den geistigen Wesen erfahrbar wird. Schon im gemeinsamen Erleben eines Kunstwerkes, im gemeinsamen Hören von Musik leben wir in dem, was unser persönliches Sein in einen größeren Bereich aufnimmt. Im religiösen Erleben einer Gemeinde, im gemeinsamen Vollzug des Gottesdienstes und der Sakramente steigert sich diese Kraft; sie ist dann *mehr* als die Summe der vielen, die gemeinsam daran teilnehmen. Ein Höheres wirkt herein.

Wir haben schon im ersten Teil des Buches – im Kapitel »Die Engel der Gemeinden« – auf die übergeordneten Wirksamkeiten hingewiesen, welche mit dem Vollzug des Kultus in einer Gemeinde gegeben sind. Hier ist nun Gelegenheit, dies Motiv zu erweitern und auf Erlebnisse einzugehen, die uns – wie zu zeigen ist – in weite Bereiche der hierarchischen Wesen – über die Engelsphäre hinaus – führen werden.

Wir knüpfen in diesem Kapitel zunächst an Erlebnisse und Erfahrungen an, welche im Alten und Neuen Testament aus einem hellsichtigen Bewußtsein heraus geschildert werden konnten. Dabei kann es so scheinen, als wären wir heute auf solche alten Erfahrungen als »Quelle« angewiesen. Allein – das ist nicht so. Das erneuerte gottesdienstliche und sakramentale Leben, wie es in der Christengemeinschaft geübt wird, ermöglicht heute wieder zumindest die Ahnung, schrittweise dann auch die Erfahrung, daß den alten Schilderungen auch erlebbare Wirklichkeiten zugrunde liegen.

Was heißt Kultus?

Der christliche Gottesdienst und die Sakramente werden innerhalb der Christengemeinschaft in erneuerter Gestalt vollzogen, wie sie dem fortschreitenden Bewußtsein der Menschheit angemessen ist. Gottesdienst und Sakrament müssen in Zukunft wieder mehr darstellen als stimmungsvolle Augenblicke und fromme Belehrung; sie müssen zu Erfahrungen führen, durch die sich der Mensch der Geisteswelt wieder annähern kann; in früherer Zeit war diese Annäherung mehr unbewußt durch die Frömmigkeit der Gläubigen möglich; heute, wo uns Frömmigkeit und Glaube nicht mehr gegeben sind, muß auch der Zugang zum Kultus, zu den religiösen Handlungen und Grundtatsachen neu gesucht werden; das religiöse Leben muß als Ganzes und in allen Einzelheiten nicht nur der Frömmigkeit, sondern durch vertiefte Erkenntnis auch dem Denken zugänglich sein. Durch die Erneuerung des Christentums ist für die Gegenwart eine Möglichkeit dazu erschlossen. Auf dem Felde der religiösen Erfahrung eröffnet sich damit – vor allem im sakramentalen und kultischen Bereich – neu das Erleben der geistigen Welt und ihrer Wesen.

Was heißt Kultus? Echter Kultus, wahrer Gottesdienst muß Abbild geistiger Wirklichkeiten, geistiger Taten sein. Nicht in den irdischen Erscheinungen – z.B. dem Altar, den brennenden Kerzen, den Gewändern des Priesters – erschöpft sich das Geschehen; nicht die äußeren Worte, ihr irdischer Klang, sind entscheidend. Durch die Erscheinungen und Wortlaute eines Kultus hindurch soll sich etwas Geistig-Wesenhaftes, ein Göttliches, offenbaren; der Kultus selbst soll Abbild dieses Geistig-Wesenhaften, des Göttlichen, sein.[13]

Kultus im Alten Testament

Werfen wir zunächst einen Blick auf die Schilderung des Alten Testaments. Hier wird uns gezeigt, wie *Moses* aus seiner Einsicht in die geistige Welt den israelitischen Kultus begründen konnte. Was er in der geistigen Welt schaute, bildete er in den kultischen Gegenständen und Handlungen nach: »Wie ich dir ein Vorbild der Wohnung und all ihres Gerätes zeigen werde, so sollt ihr's machen ... Und siehe zu, daß du es machst nach dem Bilde, das du auf dem Berge gesehen hast« (2. Buch Moses, Kapitel 25, 9 und 40).

Eindrucksvoll eröffnet ein weiteres Kapitel des Alten Testa-

---

13 *Kultus und Gegenwartsbewußtsein*; *Wege zum Kultus*; *Der neue Gottesdienst*, Urachhaus, Stuttgart.

ments, das 6. Kapitel des Jesajas-Buches, wie für einen kurzen Moment einen Einblick in den Bereich, in welchen Moses hineingeschaut haben mag, in den Bereich des himmlischen Gottesdienstes.

»Des Jahres, da der König Usia starb, sah ich den Herrn sitzen auf einem hohen und erhabenen Stuhl, und sein Saum füllte den Tempel.

Seraphine standen über ihm; ein jeglicher hatte sechs Flügel: mit zweien deckten sie ihr Antlitz, mit zweien deckten sie ihre Füße, und mit zweien flogen sie.

Und einer rief zum andern und sprach: Heilig, heilig, heilig ist der Herr Zebaoth; alle Lande sind seiner Ehre voll!

Da bebten die Überschwellen von der Stimme ihres Rufens, und das Haus ward voll Rauch« (Jesaja 6, 1–4).

Hier wird vor dem inneren Blick des Propheten der Schleier, der uns die Welt des Geistes verbirgt, beiseite geschoben; was er gewahr wird, ist die Gewalt, mit der die Anbetung der höchsten Engelwesen – der Seraphine – vor der Gottheit wirkt, »so daß die Schwellen erbeben« und etwas von diesem gewaltigen himmlischen Geschehen in sein eigenes Wesen übergreift.

»Da sprach ich: Weh mir, ich vergehe! denn ich bin unreiner Lippen und wohne unter einem Volk von unreinen Lippen; denn ich habe den König, den Herrn Zebaoth, gesehen mit meinen Augen.
Da flog der Seraphine einer zu mir und hatte eine glühende Kohle in der Hand, die er mit der Zange vom Altar nahm, und rührte meinen Mund an und sprach: Siehe, hiermit sind deine Lippen gerührt, daß deine Missetat von dir genommen werde, und deine Sünde versöhnt sei« (Jesaja 6, 5–7).

In diesem Augenblick geschieht etwas, das als ein Urbild alles sakramentalen Handelns erfahren werden kann: Ein Engelwesen trägt Feuer vom himmlischen Altar herunter, berührt damit den menschlichen Bereich und reinigt ihn dadurch, so daß er geläutert und durchlässig wird und damit fähig, Geistiges in das Irdische hineinzubringen. Das geschieht bei jedem echten Kultus, bei jedem Sakrament: Geistige Kraft – die wie geistiges Feuer ist – wird von hierarchischen Wesen heruntergetragen und verbindet das irdische mit dem geistigen Geschehen, so daß der irdische Vollzug Ausdruck wird für die Nähe und das Wirken des Göttlichen.

Von dieser Schauung des Jesajas her fällt ein Licht auf eine ähnliche Szene des Alten Testaments, in welcher der Prophet *Elias* auf dem Karmel durch sein Gebet Feuer vom Himmel holt (I. Buch der Könige, 18. Kapitel); zwar wird hier nicht von den Engeln gesprochen, welche die Feuerkraft des Geistes aus den Himmeln auf die Erde heruntertragen – der Akzent der Schilderung liegt mehr auf dem Gebet des Elias, auf der Aktivität, die vom Menschen ausgeht; aber auch hier haben wir ein Bild sakramentalen Geschehens. Im Gottesdienst wirkt beides zusammen: Handeln der Engel und Gebet der Menschen.

Haben wir bei *Moses* erfahren, wie der irdische Kultus dem himmlischen »Vor-bild« nachgestaltet sein soll, so eröffnet uns *Jesajas* den Blick in jenen Bereich, in dem die Engelwesen selbst in Anbetung und Opfer einen Gottesdienst vollziehen, der im Gesang der Seraphine, dem »Heilig, heilig, heilig...« seinen Ausdruck findet, und in dem vom »Altar im Himmel« geistige Feuerkraft auf die Erde herunterflammt.

Ein anderes bedeutungsvolles Bild im Alten Testament, das von der Beziehung der höchsten Engel zum Kultus spricht, ist im 10. Kapitel des Propheten *Hesekiel* (oder Ezechiel) enthalten. Hier wird geschildert, wie die »Herrlichkeit des Herrn« den Tempel in Jerusalem erfüllt. Diese Schilderung erinnert an ein Ereignis, das sich bei der Einweihung dieses Tempels unter *Salomo* zum ersten Mal zugetragen hat (I. Buch der Könige, im 8. Kapitel):

> »Da aber die Priester aus dem Heiligtum gingen, erfüllte die Wolke des Haus des Herrn,
> daß die Priester nicht konnten stehen und des Amtes pflegen vor der Wolke;
> denn die Herrlichkeit des Herrn erfüllte das Haus des Herrn« (I. Könige 8, 10–11).

Auch Hesekiel schaut, wie der Tempel von der göttlichen Kraft erfüllt wird; er schaut aber auch, wie dabei höchste Engelwesen – die Cherubine – dienend mitwirken:

> »Die Cherubine aber standen zur Rechten am Tempel, und die Wolke erfüllte den inneren Vorhof.

Und die Herrlichkeit des Herrn erhob sich von dem Cherub zur Schwelle am Tempel; und das Haus ward erfüllt mit der Wolke und der Vorhof voll Glanzes von der Herrlichkeit des Herrn.
Und man hörte die Flügel der Cherubine rauschen bis in den äußeren Vorhof wie eine Stimme des allmächtigen Gottes, wenn er redet« (Hesekiel 10, 3–5).

Und danach heißt es:

»Und die Herrlichkeit des Herrn ging wieder aus von der Schwelle am Tempel und stellte sich über die Cherubine.
Da schwangen die Cherubine ihre Flügel und erhoben sich von der Erde vor meinen Augen« (Hesekiel 10, 18–19).

In diesen Bildern werden wir noch tiefer in die – für die jüdische Zeit sich im Tempel zu Jerusalem vollziehende – Geistwirklichkeit des Kultus eingeführt: Nicht nur Feuer vom Altar, sondern die Gottheit selbst, »getragen« von Cherubinen, erscheint hier im Tempel und »erfüllt« den Vollzug des Gottesdienstes mit ihrer Gegenwart. So wird auch im Mittelpunkt des christlichen Gottesdienstes die unmittelbare Gegenwart des Göttlichen erlebt. Diese Gegenwart wird – wie wir an der Schau des Hesekiel sehen – getragen und ermöglicht durch das Wirken höchster Engel.

Aus den Bildern des Alten Testaments wird etwas anschaubar, was – wie wir noch genauer sehen werden – auch für den heutigen Kultus gelten kann: Kultus als Abbild der geistigen Welt und zugleich als »Wirkens-Ort« der höchsten Engel, die das Feuer des Himmels, ja die Gegenwart der Gottheit selbst an den Ort des Kultus herniedertragen.

Kultus im Neuen Testament und christlicher Kultus

Wenn wir in das Neue Testament hinübergehen, finden wir ebenfalls, z. B. in der »Offenbarung des Johannes«, den Hinweis auf den Bereich, aus welchem der Kultus stammt: Schon die Erscheinung des Menschensohnes ereignet sich »inmitten der sieben goldenen Leuchter« am Anfang der Offenbarung (Apokalypse I), d. h. im Tempel- und Altarbereich. Die ganze Apokalypse ist danach durchklungen von den Hymnen der

Engelwesen und Menschen, welche damit »vor dem Throne und dem Lamme« den himmlischen Gottesdienst vollziehen in opfernder Anbetung und Darbringung des eigenen Wesens; hier taucht nun auch das Bild auf, daß von den Engeln im himmlischen Kultus Weihrauch dargebracht wird; und die dem Christus folgenden Menschen tragen weiße Gewänder: alles Bilder für Wirklichkeiten im Geiste, die den himmlischen Kultus darstellen.

Können wir uns über die Ereignisse, die mit dem Worte »himmlischer Kultus« bezeichnet werden, noch deutlichere Vorstellungen bilden? Gerade die Bilder der Apokalypse leiten uns da in eine bestimmte Richtung; denn in der Mitte aller dieser Vorgänge steht jetzt – anders als noch bei Jesajas und Hesekiel – das »Lamm«, d. h. jenes Bild des Christus, welches auf die Opfertat und fortdauernde Opferbereitschaft des Göttlichen hinweist. Von dem Wesen des Christus geht ein dauernder Strom der Liebe, der Hingabe und der Gnade in die Welt aus – ein Opfer. Dieses Opfer ist nun die Mitte des himmlischen Kultus.

Um das »Lamm« finden wir in der Schau des Apokalyptikers die Engelwesen versammelt, welche ihr Opfer dem Opfer des Lammes vereinen. Indem sie, was von dem Christus kommt, aufnehmen und mit ihrem Opfer verbinden, vollziehen sie den himmlischen Kultus, dessen Abbild aller irdische Kultus sein muß.

So stehen im Zentrum des heutigen Kultus der Christus und seine Opfertat. Aber daß das Handeln des Göttlichen der Menschheit »vermittelt« werde, daß es ein lebendiges Abbild im Irdischen finde, daß schließlich die Menschenseelen dafür aufgeschlossen werden und sich bereit finden, dieses Handeln in sich aufzunehmen – dafür setzen die mit Christus verbundenen hierarchischen Wesen ihr Wirken ein.

Schon beim *Entstehen* des Kultus sind sie tätig beteiligt. Sie weben gleichsam die Kräfte, die von dem Christusopfer ausgehen, mit denen, welche die Zukunft der Menschheit bewirken, zu einem leuchtenden Geistgewebe zusammen. Was auf der Erde an Kultus entsteht, muß das lebendige Abbild dieser vom Geiste ausgehenden Kräfte sein: Abbild der von dem Christusopfer ausstrahlenden Kräfte, die sich mit den Zukunftskräften der Menschheit vereinen. Und wenn der Kultus ausgeübt wird, wenn die Worte und Taten des Kultus sich vollziehen, beginnt dieses von den hierarchischen Wesen gebildete Geistgewebe aufzuleuchten und dadurch in den äußeren Vollzügen lebendig und wirksam zu werden.

Man kann noch ein anderes Bild anwenden, um auf die geistige Realität des Kultus hinzuweisen: In ihm haben die geistigen Wesen ein »Gefäß« gebildet, womit der handelnde Mensch in die Substanz der geistigen Welt eintauchen und etwas davon »schöpfen« kann. Jeder Kultus ist so ein »schöpferischer« Vorgang; er hat die Möglichkeit, geistige Substanz in die Erdenwelt einfließen zu lassen. Dazu ist er von den hierarchischen Wesen gebildet.

Wir blicken so zunächst auf die Tätigkeit der Engelwesen bei der Entstehung des Kultus hin. Wenn der Kultus seine Aufgabe erfüllen soll, Abbild geistiger Wirklichkeiten und selbst lebendige Wirksamkeit des Geistigen im Irdischen zu sein, kann er nicht von Menschen stammen. Er muß aus der geistigen Welt empfangen sein. Die Engel müssen ihn im Sinne des Christus und aus seiner Opferkraft gebildet und ihm ihre Kraft verliehen haben.

Kultus heute

Nicht nur bei der *Entstehung*, sondern auch bei der *Ausübung* des Kultus kommt die Anwesenheit und Wirksamkeit der Engel in Betracht.

Wir haben gesehen, daß diese Wirksamkeit und Anwesenheit bis hinauf zu den höchsten Hierarchien bei Jesajas und Hesekiel eindrucksvoll beschrieben wird; die Bilder, welche dort erscheinen, sind auch für den heutigen Kultus »aktuell«; das wird bis in scheinbar »äußere« Bezüge hinein anschaubar: So findet das dreimalige »Heilig« der Seraphine im Wortlaut des irdischen Kultus sein »Abbild« in dem »Sanctus, sanctus, sanctus...« der römischen Messe, und heute im Weihnachtsgottesdienst der Christengemeinschaft bei der feierlichen Nennung der neun Engelbereiche. Das ist mehr als nur ein »äußerer Zusammenklang«; es ist ein *Hereinklingen* des Himmlischen ins Irdische.

Und auch das Motiv von der »Reinigung der Lippen« durch die Feuerkraft des Geistes ist im christlichen Gottesdienst wieder da: Der Priester bereitet sich für die Evangelienlesung vor, indem er das Gebet um das »gereinigte Wort« spricht (in der römischen Messe wird dabei ausdrücklich auf Jesajas Bezug genommen). Der Blick auf die Jesajas-Schau kann uns das Verständnis dafür erschließen, daß es sich dabei nicht um einen bloßen frommen Wunsch, sondern um ein reales Geschehen handelt: Die Wandlung des Menschenwortes zum Träger realer geistiger Kraft vollzieht sich durch das »Feuer«, welches Engel aus dem Geistigen in das Irdische herunterflammen lassen.

Durch dieses Feuer erst wird das Evangelium zu dem, was es werden soll: zu dem *Engel*-Wort (so kann man sinngemäß den Begriff »Evangelium« übersetzen), d. h. zu dem Wort, das nicht im Irdischen seinen Ursprung hat, sondern aus dem Übersinnlichen in das Irdische hineinklingt.

Schließlich kann uns auch das Bild aus der Schau des Hesekiel zum Urbild kultischen Handelns werden: Cherubine tragen die Gegenwart der Gottheit selbst in das Irdische hinein. Nur ist diese Gottheit nicht mehr wie im Alten Testament die herrschende, richtende: sie ist eine zum »Lamm« gewordene, d. h. zu der durch Opfer und Wandlungswillen wirkenden. So ist die Mitte des christlichen Kultus »die Wandlung«, der das Opfer der Gottheit zugrunde liegt, die sich in Brot und Wein hineinopfert und so die äußere Substanz »transsubstantiiert«, d. h. zum Träger ihrer Kraft werden läßt. Das Geheimnis der »Transsubstantiation« ist »irdischem Sinne ein Rätsel« (Novalis), das nicht mit wenig Worten aufgelöst werden kann. In dem hier besprochenen Zusammenhang kann uns aber interessieren, das durch Jesajas und Hesekiel bezeugte »Ein-greifen« der Seraphine und Cherubine in das Kultuswirken zu bedenken; denn diese Wesen waren es ja, welche – wie wir schon am Anfang des Buches angedeutet haben – die Substanz der Welt aus sich hervorgehen ließen. Sie sind es nun auch, die ihre Feuer-Kraft in das Wandlungsgeschehen des Kultus einwirken lassen, nicht um – wie bei Elias – das Opfer zu »verzehren«, sondern es zu bereiten zu *der* Substanz, mit welcher der Christus sich dann unmittelbar verbinden kann.

Mit den vorangegangenen Betrachtungen ist unser Blick bereits in die höchsten Engelregionen hinaufgeführt worden. Kehren wir von dort zurück und fragen wir, ob noch andere Engelbereiche mit dem Kultus verbunden sind. Dabei können wir zunächst an die *Schicksalsengel* der einzelnen Menschen selbst denken, die den Menschen auf seinen Wegen »begleiten«. (Über das, was die »Engel der Gemeinden« betrifft, war ja schon im 1. Teil des Buches gesprochen worden.) Sie sind in einem erhöhten Maße bei der Kultushandlung anwesend; denn von allerhöchstem Interesse sind für sie die Augenblicke, in denen sich der Mensch dem Geistigen zuwendet. In der Ruhe der Seele, in Gebet und Fürbitte kann der Engel des Menschen sich mitteilen, kann – wie wir früher ausgeführt haben – seine Kraft da besonders wirksam werden lassen; für den Kultus gilt das in noch stärkerem Maße. Nicht nur, daß der Mensch durch den Kultus angeregt wird, in eine ruhevolle und andächtige Haltung der Seele einzutauchen und so dem Engel nahezukommen; der Mensch und mit ihm der Engel – sie erleben durch den Kultus das Wirken des Geistigen im Irdischen. Die Engel der Menschen leuchten dadurch auf; sie werden selbst gekräftigt und gestärkt durch das, was im Kultus lebt.

Dazu soll eine Tatsache erwähnt werden, die das hier Gemeinte deutlich werden läßt. Sie betrifft das Verhältnis des Engels zum *Tode*. Im geistigen Bereich gibt es ja keinen Tod. Die geistigen Wesen kennen den Tod nicht selbst; sie gehen zwar durch Verwandlungen hindurch, aber sie sterben nicht. Der Tod bleibt ihnen Geheimnis. Und so blicken sie auf die Momente, in denen der Mensch dem Tode begegnet, mit einem tiefen Unverständnis. Solche Momente sind ja nicht nur am Ende des Lebens da, sie wirken in feinerer oder stärkerer Art als seelische Todeserlebnisse, als Ohnmacht, Verzweiflung, Einsamkeit, aber auch als leibliche Erfahrungen in Krankheit, Schmerz, Hilflosigkeit, schon früher in das Menschenleben ein. So sehr die Engel sonst dem Menschen auf seinem Wege folgen, – vor allem, was ihn mit den Todeskräften in Beziehung setzt, müssen sie innerlich haltmachen; in die Todessphäre reichen sie mit ihrem Wissen und Erleben zunächst nur so hinein, daß sie daran das Dunkle und Leben-Zerstörende miterleiden. Im Kultus und im sakramentalen Handeln aber wirkt das Opfer des Christus: die Kraft, welche das Irdische und damit den Tod überwunden und verwandelt hat. Der Christus ist das einzige göttlich-geistige Wesen, das den Tod nicht nur von außen, sondern »von innen her« kennt. Dadurch aber wird er auch zum Führer und Lehrer der Engel in bezug auf das Mysterium des Todes.

Indem der Kultus das Geheimnis von Tod und Auferstehung zum Inhalt hat, erlebt nicht nur der teilnehmende Mensch, sondern auch der mit ihm verbundene Engel die Kraft des Christusopfers. Er erfährt etwas über das Todesgeheimnis und dessen Überwindung. Er wird dadurch fähig, diesem Geheimnis nicht nur ratlos gegenüberzustehen, es nicht nur zu erleiden, sondern sich mit ihm zu verbinden und durch den Christus an seiner Überwindung und Verwandlung teilzuhaben.

Damit hängt die einzigartige Empfindung zusammen, die der Mensch bei der Kultushandlung haben kann: in der Ruhe der Seele ganz bei sich selbst anzukommen und zugleich für Augenblicke in höherer Gemeinschaft mit dem Geistigen zu leben.

Diese Empfindung, in ein höheres Leben einbezogen zu sein, die dem Menschen im Kultus nahekommt, kann man in den Worten des Novalis ausgesprochen finden:

Überall entspringt aus Grüften
Neues Leben, neues Blut;
Ew'gen Frieden uns zu stiften,
Taucht er in die Lebensflut;
Steht mit vollen Händen in der Mitte,
Liebevoll gewärtig jeder Bitte.

Der Engel des Menschen ist in solchen Augenblicken in stärkerem Maße als sonst dem Menschen nahe; und indem der Engel – bildlich-real gesprochen – sich in tiefster Demut und Ehrfurcht vor dem Christusmysterium der Altarhandlung neigt und Anteil gewinnt an der Auferstehungskraft Christi, geht davon etwas auf den Menschen über und verleiht ihm die Kraft, den Tod besser zu bestehen.

Am Lebensende, im Sterben, offenbart sich die Kraft der Kultushandlung, in der die Todesüberwindung des Christus lebt. »Tod, wo ist dein Stachel?« – dieses Pauluswort bekommt einen realen Gehalt. Durch die Jahrzehnte, in welchen der erneuerte Kultus gewirkt hat, konnte etwas davon an vielen Menschen, die regelmäßig am Kultus teilhatten, erfahren werden; nicht als ob das Sterben dadurch äußerlich leichter geworden wäre; aber die Kraft, es durchzustehen und auch dem Leiden einen Sinn abzuringen, kann wachsen. Und oftmals durften wir auch den besonderen Glanz wahrnehmen, von dem wir im vorletzten Kapitel gesprochen haben, der dann im Tode einen solchen Menschen umgibt – einen Glanz, in den der Glanz des Engels hinüberleuchtet.

Diese Gedanken stehen im Einklang mit dem, was wir ebenfalls im vorletzten Kapitel über die Todesnähe des Engels ausgeführt haben; dort mußte gesagt werden, daß sich die Engelnähe im Tode nicht so selbstverständlich kundgibt wie in der Kindheit, daß Schicksal und oft wohl auch das Verhalten des Menschen in die Art, wie das Todesgeschehen sich offen-

bart, hereinspielt. Es verbietet sich von selbst, hier in klein-
licher Art über Todeserlebnisse von Menschen unterscheiden-
de Wertungen einzuführen, die doch nie dem menschlichen
Urteil unterliegen können. Daß das Leben mit dem Sakrament
auch dem Todesgeschehen Glanz und Leuchtkraft verleihen
kann, ist eine vielfältig erfahrene Tatsache. Sie hängt mit dem
Christusgeheimnis zusammen, das im Sakramente wirkt, und
das auch den Engeln der Menschen eine Tod-überwindende
Stärke verleiht.

Die Sakramente

Zu den neuen Erfahrungen, die das Leben mit den erneuerten
Sakramenten vermittelt, gehört vor allem auch und oft in tief
eindrucksvoller Weise die Erfahrung mit dem Sakrament der
»Letzten Ölung«. Der Vollzug dieses Sakraments an einem
Schwerkranken in Verbindung mit dem Reichen des
Abendmahles, der Kommunion, kann zu einem Höhepunkt der
Geisterfahrung im Irdischen werden. An der Schwelle des
Todes zeigt sich endgültig, was in der Bedrohung durch die
Todeskräfte und im Ringen mit dem, was uns zu stark an das
Irdische bindet, letztlich Bestand hat. Unendlicher Trost, tiefe
Ruhe kann da von der Christus-Wirkung des Sakraments
ausgehen – so haben wir es immer wieder und wieder erleben
können. Was der Engel im Tode dem Menschen nicht zu geben
vermag – er darf es hier mit dem Menschen gemeinsam von dem
Christus selbst empfangen: das Leben, das den Tod über-
windet.

Wenn dann für den Verstorbenen die Bestattungsfeier vollzogen wird, tritt meist noch ein weiteres Erlebnis – das im
einzelnen sehr verschieden sein kann – zu den bisher beschriebenen hinzu. Ist durch die »Letzte Ölung« ein höherer Friede
wirksam geworden, glänzt im Tode selber etwas wie ein Verklä-
rungslicht auf dem Antlitz des Verstorbenen auf, so wird durch
den Bestattungskultus etwas von der Größe der ewigen Individualität des Menschen erahnbar: Ein ewiges *Sein* macht sich
geltend – ganz unabhängig davon, ob es sich im Leben um eine
»bedeutende« oder »weniger bedeutende« Persönlichkeit ge-
handelt hat. Die Schwingen des Engels sind plötzlich da, der
Hauch der Ewigkeit wird fühlbar, und die wahre, ewige Gestalt
des Verstorbenen erscheint, befreit von der Last des Irdischen,

getragen von seinem Schicksalsgenius, seinem Engel, nun endlich selbst emporwachsend in den Bereich, in dem die Engel wirken.

Nicht nur die Engel der einzelnen Menschen sind im Vollzug des Kultus anwesend. Auch die Engel der Gemeinde, ja auch Engelwesen der höheren hierarchischen Bereiche sind, wie wir am Anfang des Kapitels im Blick auf Jesajas und Hesekiel ausgeführt haben, mit dem Kultus und den sakramentalen Handlungen verbunden. Im Alten Testament finden wir nur noch ein zusammenfassendes, großes Bild für diesen Tatbestand: das Bild von der *Jakobsleiter*, von der im 1. Mosesbuch, im 28. Kapitel, die Rede ist:

> »Aber Jakob zog aus von Beer-Seba und reiste gen Haran, und kam an einen Ort, da blieb er über Nacht; denn die Sonne war untergegangen. Und er nahm einen Stein des Ortes und legte ihn zu seinen Häupten und legte sich an dem Ort schlafen.
> Und ihm träumte; und siehe, eine Leiter stand auf der Erde, die rührte mit der Spitze an den Himmel, und siehe, die Engel Gottes stiegen daran auf und nieder, und der Herr stand obendarauf und sprach: Ich bin der Herr, Abrahams, deines Vaters, Gott und Isaaks Gott; das Land, darauf du liegst, will ich dir und deinem Samen geben« (I. Moses 28, 10–13).

Jakob erlebt das Auf- und Niedersteigen der geistigen Wesen über einem bestimmten Erdenort; daß er dieses Erlebnis nicht nur als einen »schönen Traum«, sondern als die Kundgebung einer geistigen *Wirklichkeit* erfährt, geht deutlich aus dem Fortgang der Schilderung hervor:

> »Da nun Jakob von seinem Schlaf aufwachte, sprach er: Gewiß ist der Herr an diesem Ort, und ich wußte es nicht; und fürchtete sich und sprach: Wie heilig ist diese Stätte! Hier ist nichts anderes denn Gottes Haus, und hier ist die Pforte des Himmels.
> Und Jakob stand des Morgens früh auf und nahm den Stein, den er zu seinen Häupten gelegt hatte, und richtete ihn auf zu einem Mal und goß Öl obendarauf ...
> ... Dieser Stein, den ich aufgerichtet habe zu einem Mal, soll ein Gotteshaus werden ...« (I. Moses 28, 16–19 und 22).

100

Das übersinnliche Traumerlebnis veranlaßt Jakob, eine Kultstätte zu errichten: Beth-El, »Haus der Gottheit«, in ihr wurde,
was ihm als Bild erschienen war, äußere Kultus-Wirklichkeit:
daß »Himmelskräfte auf- und niedersteigen und sich die goldenen Eimer reichen« (Goethe *Faust I*). Beth-El wurde so zur
bedeutendsten jüdischen Kultstätte vor (und später neben)
Jerusalem.

Freilich erlosch schon in der vorchristlichen Menschheit das
hellsichtige Erleben für das Auf- und Niedersteigen der Engelwesen im Kultus immer mehr. Wie ein letzter Nachklang
dieses Erlebens erscheint uns die Szene am Beginn des Lukas-
Evangeliums, in der Gabriel dem Zacharias beim Opfer im
Tempel wahrnehmbar wird. Während der Weihrauch aufsteigt, erwacht der alte Priester zu der Gegenwart des Engels,
der ihm durch den kultischen Vollzug hindurch erlebbar werden kann und ihm die Geburt des Sohnes ankündigt: ein
letzter Nachklang von dem Erleben der Engelnähe und des
Engelwirkens im Kultus.

Überall, wo Kultus zelebriert wird, entsteht das Auf- und
Niedersteigen der Himmelskräfte. Im Vollzug der erneuerten
Sakramente zeigt sich dies, wenn z. B. in der Taufe die »Wel-
tengeister« angerufen werden, welche die Taufhandlung geistig
tragen und durchdringen sollen; oder wenn bei der Bestattung
das Leben des Verstorbenen im Bereich der geistigen Wesen
»als Geist unter Geistern« eingeleitet wird.

Im Text der Weihehandlung, des Altarsakramentes, selbst
leuchtet einmal im Jahr der Zusammenhang mit den Hierarchien zu Weihnachten deutlich auf: Wenn am Weihnachtsmor-
gen und dann durch zwölf Tage bis zu Epiphanias die Namen
der neun Engelreiche feierlich genannt und mit dem Tun der
Menschen verbunden werden. Da tritt *einmal* in Erscheinung,
was sonst als verschwiegener »Goldgrund« die Ausübung des
Kultus *immer* begleitet: das Opfer der Engelwesen, das sich mit
dem Kultusopfer verwebt. Das Bild der Jakobsleiter erneuert
sich.

Das aufsteigende Opfer

Im Text der römischen Messe wird noch ein weiteres Geheimnis des Kultus an einer besonderen Stelle angerührt: Indem am
Ende der Opferung der Priester den Weihrauch darbringt, wird

ausdrücklich der Name des Erzengels Michael genannt. Dies ist ganz gewiß nicht etwa nur eine Äußerlichkeit. Wir haben schon darauf hingewiesen, daß in der »Offenbarung des Johannes« von den Engeln der Weihrauch auch im himmlischen Kultus dargebracht wird – äußeres Sinnbild für die Anbetung und opfernde Liebe, welche der Gottheit zuströmt; im 5. Kapitel der Apokalypse wird vom Weihrauch gesagt: »Es sind die Gebete der Geist-Ergebenen«, und im 8. Kapitel heißt es:

> »Und der andere Engel kam und trat mit einem goldenen Rauchgefäß an den Altar. Ihm wurde viel Räucherwerk gereicht, damit er es zu den Gebeten aller Geist-Ergebenen spendete auf dem goldenen Altare angesichts des Thrones. Und aus der Hand des Engels stieg der Weihrauch empor zusammen mit den Gebeten der Geist-Ergebenen vor dem Angesichte der Gottheit« (Apokalypse 8, 3 und 4).

Hier werden wir nun noch auf einen anderen Zusammenhang zwischen Gottesdient und Engelwirken aufmerksam. Bisher versuchten wir zu zeigen, wie jedem Kultus das Wirken geistiger Wesen zugrunde liegen muß: bei seinem Entstehen und bei seinem Vollzug.

Nun zeigt sich, daß dieses Wirken nicht einseitig verstanden werden darf; schon im Bilde der »Jakobsleiter« ist ja nicht nur ein *Herab*-, sondern auch ein *Hinauf*-Steigen der Engelwesen anschaubar geworden. Kehren die Engel mit »leeren Händen« in die geistige Welt zurück, wenn sie von der Erde wieder aufsteigen? Wir haben schon mehrfach betont, daß wertvoll für die geistige Welt wird, was als »freie Kraft« vom Menschen ausgehen und den geistigen Wesen zufließen kann. Nicht nur aus der geistigen Welt geht etwas auf die irdische Welt über. Die Opferkraft des Menschen steigt auf; sie wird aufgenommen und wird zu der Kraft, mit welcher die Engel etwas »anfangen« und mit der sie wiederum in das irdische Menschheitswesen zurückwirken können. Mit den »Gebeten der Heiligen«, d. h. mit dem Herzensopfer der Menschen, die sich dem Christus verbinden wollen – können die Engel »etwas machen«.

Vom Kultus steigt – durch den aufsteigenden Weihrauch versinnbildlicht – etwas auf, das in der geistigen Welt aufgenommen und zur Segenskraft für die ganze Menschheit verwandelt werden kann. Durch den Kultus beginnen die Menschen mit den Engeln zusammenzuwirken; sie beginnen Partner der Gottheit zu werden.

Dies alles aber wäre ohne die Opfertat des Christus nicht möglich. Wir haben auf das Bild der »Jakobsleiter«, das im Alten Testament erscheint, hingewiesen. Dem Leser wird dabei vielleicht in Erinnerung gekommen sein, daß dieses Bild im Neuen Testament eine Erneuerung erfahren hat; im Johannes-Evangelium, am Ende des ersten Kapitels, sagt der Christus, indem er damit auf sein eigenes Wirken hinweist:

»Die Wahrheit sage ich euch: Von nun an werdet ihr den Himmel aufgetan sehen, und *die Engel Gottes hinauf- und herabsteigen* auf den Sohn des Menschen.«

Damit ist zweierlei ausgesprochen: daß die »Jakobsleiter«, das Auf- und Niedersteigen der geistigen Wesen, die Verbindung zwischen Himmel und Erde vor der Erscheinung Christi *unterbrochen* war; und daß sie durch die Christustat wiederhergestellt werden konnte.

Wir schauen hier auf die mit dem Abstieg der Menschheit verbundene Tragik; indem die Menschheit immer mehr sich dem Irdischen verbindet, verliert sie mehr und mehr ihre Beziehung zum Himmel; schließlich waren die Kultusstätten in der vorchristlichen Zeit noch die Orte, wo Himmel und Erde sich berührten, wo die »Jakobsleiter« noch in den Himmel reichte. Aber auch das hörte auf. Die Kulte wurden unwirksam, ihr Opfer wertlos und geistesentleert. Die Erde drohte, *ganz* isoliert von der geistigen Welt den Gegenmächten zuzufallen.

Da erschien der Christus selbst auf der Erde; der Himmel, der sich verschlossen hatte, »zerriß«, wie es bei der Taufe heißt (Markus 1); nun begann neu, was in der Schau des Jakob einmal als Wirklichkeit erlebt worden war: »Die Wahrheit sage ich euch: von nun an ...«

Wo der Christus ist, ist der Himmel auf der Erde wieder da; und mit ihm auch die Wesen des Himmels, die Engel. Diese Tatsache wird durch den Kultus heute und in Zukunft immer klarer erlebbar werden.

Der Kultus und die Sakramente werden Quellorte künftiger Engelerfahrung sein.

Wo sind die Erzengel heute?

Mit der Betrachtung des vorigen Kapitels sind wir schon weit über die Engelstufe hinausgegangen; wir haben zu zeigen versucht, wie im Kultus das Wirken der höchsten Hierarchien einen Ort auf der Erde hat.

Mit diesem Kapitel treten wir wieder in den systematischen Gang unserer Betrachtungen ein und wenden uns dem Gesamtgebiet des menschlichen Erlebens neu zu. Wo finden wir hier die Bereiche, deren Erleben uns hinauf zu denen der Erzengel führen kann? Es wird uns sehr viel schwieriger zu beschreiben, wodurch dem Menschen heute die Erfahrung dieser höheren Wesen vermittelt werden könnte. Es wird dargestellt werden müssen (und dabei folgen wir überall Hinweisen Rudolf Steiners), daß solche Erlebnisse dem Menschen früher noch eher möglich waren; daß sich aber die Beziehung zwischen den Erzengeln und der Menschheit seit dem letzten Jahrhundert verändert hat. Sie muß heute *tiefer begründet*, vom Menschen aus bewußt gesucht werden, soll sie erlebt werden. Erlebnisse auf diesem Felde ergeben sich fast nur noch, wenn der Mensch die in ihm liegenden Geisteskräfte zu erfassen und mit der höheren Welt zu verbinden sucht. Aus der bewußt gesuchten Verbindung wird die Fähigkeit zu höherer Erfahrung erwachsen.

Dem Leser wird noch gegenwärtig sein, daß den Erzengeln ein weit größeres Tätigkeitsfeld zuzuordnen ist als den Engeln. Sind diese mit dem Schicksal des einzelnen Menschen, so jene mit dem eines ganzen Volkes oder einer Menschengruppe verbunden. Ihnen obliegt die Führung der Völker, wie den Engeln jeweils die Führung eines einzelnen Menschen oder einer Gemeinde.

Drei Elemente waren es in älteren Zeiten vor allem, in denen die Wirkungen der Erzengel erfahren wurden: *Königtum, Brauchtum, Sprache.* Alle drei Elemente haben ihre Wirksamkeit fast ganz verloren; davon muß nun zunächst die Rede sein.

Was mit dem *Königtum* für ein Volk in alten Zeiten verbunden war, läßt sich heute nur sehr schwer nachvollziehen;

manche Empfindungen, die sich an noch bestehende europäische Königshäuser anknüpfen – vor allem wohl in England –, sind ein letzter Nachklang davon.

In alten Zeiten fühlte man durch die Gestalt des Herrschers die geistige Führung des Volkes real und wirksam repräsentiert; in ihm erschien der Erzengel gleichsam in irdischem Abglanz, und in den guten Zeiten eines Volkes – natürlich gab es auch überall Abirrungen und Zerrbilder – konnte der Volksgenius durch den Herrscher inspirierend auf den Entwicklungsgang eines Volkes einwirken. Daher entstand auch das Gefühl, die Person des Herrschers sei heilig; Königsmord galt als eines der schwersten Verbrechen.

Im Blick auf den einen Herrscher konnten die Empfindungen der Menschen zusammenströmen; und daran bildete sich ein einheitliches Volksbewußtsein aus, das in besonderen Augenblicken der Geschichte gewaltig aufflammen konnte; dann konnte ein ganzes Volk von *einem* Willen, von *einer* Begeisterung ergriffen werden.

Es wird immer wieder berichtet, daß sich in Deutschland ein solches Ereignis – wohl zum letzten Mal in der deutschen Geschichte – beim Ausbruch des Krieges 1914 abgespielt habe, wenn auch damals bereits mit negativem Vorzeichen. Aber wer Schilderungen darüber liest, welche Begeisterung die Menschen damals in den ersten Tagen des Krieges ergriffen hatte, welch einheitlicher Wille sich geltend machte – ähnliches soll sich auch in anderen Ländern, z. B. in Rußland, abgespielt haben –, der wird nicht umhin können, hier einen letzten Rest einer – wenn auch bereits verzerrten – Wirkung zu sehen, die in älteren Zeiten unmittelbar von dem Volksgenius selbst ausging: ein Impuls, der ein ganzes Volk ergriff und durchseelte.

Diese Zeiten sind heute ganz vorüber. Und gerade an der Entwicklung des Deutschtums kann man mit Erschütterung ablesen, was heute entsteht, wenn an die Kräfte des Blutes und des Volkstums in einer Art angeknüpft, wenn in den dreißiger Jahren die Gestalt eines Menschen zum »Führer« stilisiert wird, wie es für *frühere* Zeiten eher möglich war. »Ein Volk, ein Reich, ein Führer« – mit instinktiver Sicherheit wurden durch solche Formeln die Kräfte und Sehnsüchte angerührt, die einstmals das Volkstum getragen haben. Doch nicht der *Genius* senkte sich herab – der *Dämon*, der Vernichter des Volkes stieg auf, der Widergeist, der als ein Gegenspieler des Volksgeistes auch dem Volkstum innewohnt.

So ist an der Entwicklung des Deutschtums urbildhaft abzulesen, wie die Erzengel sich heute nicht mehr in Nationalgefühl und Blutsbindung kundtun, wie vielmehr dadurch heute die Gegenkräfte regsam werden, die nicht bilden, sondern zerstören. Die Erzengel ziehen sich heute mehr und mehr von der unmittelbaren Leitung der Völker zurück; daher ist auch die Zeit des Königtums und der alten Herrscherhäuser abgelaufen. An deren Stelle tritt heute mit Recht das menschliche Ringen von Gruppen und Parteien um die Führung eines Staatswesens – mit dem Risiko der Zersplitterung und dem zeitweisen Verlust jeder geistigen Orientierung. Was früher »von oben« inspirierend und leitend das Volksschicksal durchdrang, muß heute »von unten«, durch die Gedanken und durch das Bemühen der Menschen selbst, zustande kommen. Darin vollzieht sich der Menschheitsfortschritt, wenn auch zunächst unsicher, ungeübt, unter vielen Krisen.

Vielleicht war das deutsche Volk in besonderer Weise dazu veranlagt, der Welt das Bild einer führerlos in die Irre geführten Nation zu bieten, die versucht, auf alten Wegen – unter Leitung des »starken Mannes« und mit Aufrührung der Blutsimpulse – das Volksschicksal fortgehen zu lassen. Denn der Erzengel des Deutschtums war schon immer – wie Rudolf Steiner einmal ausführt – in einer viel »loseren« Beziehung zu seinem Volkstum als die Erzengel anderer Völker – wie ja überhaupt die Art der Beziehung zwischen Volk und Erzengel auch einer Entwicklung unterworfen ist. Manches in der Eigenart der deutschen Geschichte ist von daher verständlich. Die Wirkung des deutschen Erzengels war daher keine politische, eher eine »geistigere«; aber sie war damit auch viel stärker der Gefahr ausgesetzt, durch die Wirkung des Gegenspielers ausgeschaltet zu werden. Was das bedeutet, haben wir in jüngster Vergangenheit miterlebt.

Die Erzengel »ziehen sich« von der unmittelbaren Leitung der Völker – menschlich gesprochen – »zurück«. Haben sie damit aufgehört zu wirken?

Die Völker waren in alten Zeiten durchzogen von Stimmungen und lebensvollen Empfindungen, die einen stark prägenden und bildenden Charakter trugen. Diese Stimmungen und Empfindungen gingen von den Bräuchen aus, deren Tradition meist in uralte Zeiten zurückreichte. Volkslied und Volkstanz, die

Art, Geburt, Eheschluß, Tod und die kirchlichen Feste zu feiern, durchseelten und bildeten ganze Volksgruppen im Sinne der ihnen zugehörenden Geistigkeit. In alledem wirkte der Volksgenius auf mehr seelische Art, das Gemüt der Menschen bis in die tiefsten Tiefen ergreifend. Was allein als Belebung und Beseelung von den Liedern ausging, die im Volk gesungen wurden, kann man sich heute wohl kaum noch vorstellen; in ihnen – aber auch in den Erzählungen und Märchen eines Volkes – lag eine eminent erzieherische Kraft; diese Kraft wurde sowohl durch den Inhalt als auch die musikalische – bzw. erzählerische – Form vermittelt; und sie wurde von Generation zu Generation vererbt. Ein Strom wunderbar beseelten geistigen Lebens floß durch das Brauchtum in das Volk ein, begleitet von dem Flügelschlag des damit verbundenen Genius.

Denn die Inspiration des Volksgenius waltete in solchen alten Bräuchen; ihre Entstehung ist auf ihn zurückzuführen – differenziert nach Landschaften und Stämmen, und doch ein Ganzes anstrebend. Auch in der handwerklichen Kunst stellte sich etwas davon dar: Die bestimmte Art, Häuser zu bauen, die Gegenstände des Alltags – Stühle, Tische u. v. a. – zu formen, die Kleidung auszugestalten (Trachten) gehört hierher. Davon ging eine weitere bedeutsame Bildekraft in die Seelen über.

Ein übergreifendes und alles zusammenfassendes Element erwuchs – die Differenzierung der Stämme und Landschaften überwindend – aus den Bräuchen der christlichen Kirche. Zu den großen Festen des Jahres war ein ganzes Volk in eine einheitliche Stimmung getaucht. Stellen wir uns die Weihnachts-Mitternachts-Messe in jener Zeit vor, in der jeder Mensch – vom Kaiser bis hin zum Knecht des abgelegensten Gehöftes – in die Stimmung des Weihnachtsereignisses eingehüllt wurde; stellen wir uns vor, wie zur Fastenzeit, in der Karwoche, schließlich am Ostersonntag – wiederum getragen von mancherlei Bräuchen, einheitliche Stimmungen das ganze Volk durchzogen, und zwar Stimmungen, die einen ganz *positiven*, innerlich *aufbauenden* Inhalt hatten. In solchen Stimmungen und Gemütsereignissen konnte der Volksgeist sein ganzes Volk von innen her durchwalten und beleben.

Die Bedeutung all dieser Tatsachen wird vielleicht noch klarer, wenn man sie mit den heutigen Verhältnissen vergleicht. Gibt es Augenblicke im Leben eines Volkes, in denen einheitliche Stimmungen und Gesinnungen alle Menschen durchziehen? Sind es die großen Sportereignisse? Die Wahlentscheidungen? Die Parlamentsdebatten? Oder Kriminal-Filme, die ein ganzes Volk zur gleichen Stunde vor den Fernsehschirm bannen? Ist es das Bangen um das Leben eines Menschen oder einer Menschengruppe, die in die Hände der sinnlosen Gewalttätigkeit geraten sind?

Aufbauende, positiv wirkende Kräfte? Brauchtum, der Glanz christlicher Feste – alles das ist erloschen. Geblieben sind die einsam ringenden Menschen; und es steigt die Gefahr der Vermassung auf, das Eintauchen in Gruppenemotion, in denen das Geistige des Menschen untergeht.

Wir sehen: Mit dem Zurücktreten der Erzengel ist der Mensch auch hier auf sich selbst angewiesen; will er nicht in Vereinsamung oder Vermassung verfallen, muß er selbst *neue* Wege suchen; eine Erneuerung der *alten* Kräfte ist nicht möglich. Und nochmals erhebt sich die Frage: Wo wirken die Erzengel heute?

Im Kapitel über die Sprachgeister haben wir dargestellt, daß mit den Volksgeistern andere Erzengel zusammenwirken, welche die *Sprache* eines oder mehrerer Völker impulsieren. Auch davon ging in älteren Zeiten etwas Bildendes und Durchgeistendes für das jeweilige Volkstum aus. Die Kraft der Sprachgenien ist ebenfalls im Erlöschen begriffen.

In vierfacher Art war die Sprachkraft wirksam: als sprachliche Form der Erzählungen und Märchen und des Liedgutes; in der prägenden Kraft des Dialektes; in der Wirksamkeit, die von der Sprache der Bibel ausging, die mit der Evangelien-Lesung und Predigt das Gemüt ergriff; und schließlich da, wo Sprache als Gedicht, in Drama, Roman und Erzählung eine erhöhte Lebendigkeit erhalten hatte.

Es ist nicht schwer, sich die Entwicklung dieser vier Elemente und das Erlöschen ihrer Wirksamkeit vor Augen zu führen. Wir wollen nur auf den letzten Punkt, Sprachentwicklung in der Kunst, noch etwas näher eingehen. Friedrich Schiller schildert in seinem Gedicht ›Die Kraniche des Ibykus‹ die Wirkung der griechischen Tragödie mit beredten Worten:

Besinnungraubend, herzbetörend
Schallt der Erinnyen Gesang,
Er schallt, des Hörers Mark verzehrend,
Und duldet nicht der Leier Klang...

So singend, tanzen sie den Reigen,
Und Stille, wie des Todes Schweigen,

Liegt überm ganzen Hause schwer,
Als ob die Gottheit nahe wär'...

Ein überirdischer Schauer griff die Seele des Hörers an und vollzog eine reinigende und zugleich – im besten Sinne – »erbauende« Wirkung.

Jedes große Sprachkunstwerk – auch das Gedicht – hatte bis in das vorige Jahrhundert, bis hin zu Goethe und Schiller, einen mächtigen Einfluß; wir müßten diesen Einfluß so beschreiben, wie wir es im vorigen Kapitel für die Musik getan haben: das die Hörer ergreifende Erlebnis der Einwirkung eines Übersinnlichen in das Sinnliche.

Der Musik ist diese geheimnisvolle Macht bis heute geblieben; der Sprache ist sie entschwunden – warum? Weil die Sprache nicht nur Klang, Rhythmus, Spannung und Wechselspiel – wie die Musik – ist, sondern auch Gedanke und sinnlicher Inhalt, welche der Musik fehlen.

Es ist schwer, mit kurzen Worten darzustellen, was mit der Sprache geschehen ist, daß sie ihre Fülle und Kraft verloren hat. Aber jeder, der mit der Sprache umgeht, erlebt den Substanzverlust unmittelbar. Wie die Worte nur noch leere Hülsen sind, die nichts mehr bewirken. Auf zweierlei wollen wir hinweisen, um diese Entwicklung verständlich zu machen: Das erste ist die Tatsache, daß die Sprache im Laufe der letzten 150 Jahre zum Instrument der öffentlichen Lüge – man sagt wohl auch »Reklame«, »Propaganda« dafür – geworden ist, und zwar in einem Maße, wie das früher einfach nicht möglich war. Das moderne Parteiwesen, die staatlichen und wirtschaftlichen Zwänge (Wettbewerb), das Zeitungswesen, Radio, Fernsehen, aber auch die Entleerung des geistigen und besonders des religiösen Lebens – nichts schlimmer als die religiöse Phrase! –, alles dies hat zum Substanzschwund der modernen Sprachen beigetragen. Denn eine Sprache, in der solches geschieht, *kann* nicht mehr von einem geistigen Wesen durchdrungen werden; sie wird dem Sprachgenius entrissen und den Gegenmächten – man erinnere sich an die Sprache Hitlers und Goebbels – ausgeliefert.

Das zweite kommt hinzu: Die Sprache wird nur noch für die Beschreibung irdischer Verhältnisse und Tätigkeiten benutzt. Die Menschheit ist schon lange auf diesem Wege; aber Goethe konnte noch »Fausts Himmelfahrt«, den Weg dieser Seele in das Nachtodliche beschreiben, Schiller noch die »Ideale« beschwören – ohne unglaubhaft zu sein. In der modernen Literatur ist der unmittelbare Hinweis auf das die Welt durchdringende Geistige fast ganz verschwunden; dafür haben wir den dichtenden Computer und den einen Computer nachahmenden Dichter.

Die Sprache dient dem Irdischen. Hier ist auch der Beitrag von Naturwissenschaft und Technik für die Sprachentwicklung zu sehen; denn sie benutzen auch Sprache, aber eben – notwendiger- und sinnvollerweise – als Beschreibung des materiellen Daseins.

Es sollte nicht die Auffassung entstehen, als wollten wir gegen diese Entwicklung etwas einwenden – sie ist eine Tatsache. Sie hat dazu geführt, daß sich die Sprachgeister, welche gerade mit den geistigen und vor allem mit den moralischen Elementen der Sprachen verbunden waren, zurückziehen mußten. Die Folgen werden heute von den Sprachforschern konstatiert; ein tiefer Sprachverfall. Und so erhebt sich am Schluß dieses Kapitels zum dritten Mal die Frage: Wo sind und wie wirken die Erzengel heute? Können wir heute eine neue Verbindung zu ihnen finden?

»Ein Einzelner hilft nicht«
Von der Kraft der Gemeinschaft

Die Tatsache, daß die Erzengel sich in gewisser Weise aus ihrer Verbindung mit den ihnen anvertrauten Völkern zurückziehen, mag zunächst so erscheinen, als sei damit nur eine negative Entwicklung gegeben. Das ist aber nicht so.

Zwar macht sich auf dem physischen Plan zunächst die negative Seite dieses Tatbestandes geltend. Wir haben dies am Schicksal des deutschen Volkes und am Verfall der modernen Sprachen geschildert. Und doch ist dies nur die eine Seite.

Wir können einen Vergleich aus dem menschlichen Leben heranziehen, um die andere Seite ins Auge zu fassen. Für jeden Lehrer, jeden Erzieher kommt der Augenblick, wo er seinen Schüler aus seiner Leitung und Fürsorge entlassen und auf sich selbst stellen muß. Die bange Frage entsteht, ob die mitgegebenen Lehren, die vermittelte Substanz der Erziehung ausreichen werden, um den weiteren Lebensweg des aus der Erziehung Entlassenen mit Weisheit und Kraft zu erfüllen. Gewiß kommt nun eine Zeit, in der zuerst die eigenen Kräfte erprobt und Lebenserfahrungen gemacht werden müssen, eine Zeit der Krisen und Schwankungen. War aber die Erziehung gut, so wird sie den Menschen auch durch diese Zeit hindurch begleiten und schließlich als mit eigener Kraft durchdrungenes Lebensgut zur Verfügung stehen. Verhängnisvoll hingegen wäre es, wollte der Erzieher auch noch die weiteren Schritte seines Zöglings so überwachen und leiten wie bisher.

In ähnlicher Weise ist innerhalb der Menschheitsentwicklung der Zeitpunkt herangereift, in dem die Volksgenien nicht mehr in der alten Art führen und leiten dürfen. Was aus den Kräften des Blutes, der Vererbung, des Brauchtums usw. gegeben war, trug den Menschen bisher in starkem Maße. Was ihn bisher getragen hat, würde aber zu einer Behinderung seiner individuellen und Ich-Entwicklung werden, wenn es einfach so weiterwirken sollte. In der Welt der Erzengel mußte ein Entschluß gefaßt werden, wie ihn der Erzieher faßt, wenn sein Schüler reif geworden ist, die Wege selbst zu suchen. Dieser Entschluß ist heute verwirklicht: In ihm lebt das Vertrauen der höheren

Wesen zu den Menschen, die nun stärker als früher – ohne auf die Kräfte des Blutes und der Tradition bauen zu können – die Wege aus sich selbst und mit Entfaltung des Ich gehen müssen.

Und noch ein zweiter Aspekt kommt hinzu. Wir erinnern an die Ausführungen im ersten Teil des Buches über das gabrielische und das michaelische Zeitalter. Die gabrielische Zeit (bis 1879) ist auch dadurch gekennzeichnet, daß die Völker ein starkes Eigenleben mit nationalen Zügen entwickeln; es ist die Zeit des eigentlichen Nationalismus.

Die Zeit aber, in der Michael die Führung ergreift, bringt auch hier eine gewaltige Veränderung; der Nationalismus in seiner Einseitigkeit wird überholt und – heute besonders bei den Jugendlichen – durch die Sehnsucht nach Kosmopolitismus, nach Weltbürgerschaft, abgelöst. Nicht mehr das Wohl und Wehe des eigenen, einzelnen Volkes wird maßgeblich empfunden – das Interesse verbindet sich, zumindest dem Bestreben nach – mit der ganzen Menschheit.

Darin liegt etwas tief Berechtigtes; in diesem Bestreben haben wir etwas, was vom Zeitgeist selbst den Seelen eingegeben wird. Michael will nicht nur, daß der persönliche, kleinliche Egoismus des Menschen, er will auch, daß der Volksegoismus überwunden werde. Und so sehen wir unter seiner Herrschaft als Zeitgeist *Welt*wirtschaft, *Welt*verkehr, weltweite Nachrichtensysteme, Welttourismus usw. sich ausbreiten.

Die Volksgeister treten zugunsten dieser Entwicklung eine Zeitlang zurück. Sie treten damit aber in den Dienst Michaels.

Mit alle dem soll nun allerdings nicht behauptet werden, daß die Zeit des Volkstums generell beendet sei und die Völker sich in den großen Verband der Menschheit auflösen sollen. Davon sind wir weit entfernt. Wie aber soll sich dann das, was in den einzelnen Völkern lebt, verwandeln, um in Zukunft fruchtbar zu werden?

An dieser Stelle müssen wir es wagen, ein Zukunftsbild zu entwerfen, das einer etwas abstrakten Schwarz-Weiß-Zeichnung ähnlicher sein wird als einem lebensvollen Gemälde; trotzdem kann es vielleicht zur Orientierung dienen. Die Substanz der einzelnen Völker geht auf der einen Seite in Zukunft gewiß einer noch stärkeren Dekadenz entgegen; eine Zeit des noch stärkeren Verfalls wird kommen, ein Verfall, in den ganze Volks-Gruppen hineingezogen werden, und zwar im

Sinne der *Vermassung* und der *Befriedigung* der materiellen Lebensbedürfnisse, ohne geistiges Streben. Dieser Entwicklung muß aber eine andere entgegengesetzt werden können; während die gerade geschilderten Prozesse des Verfalls mit Sicherheit eintreten werden, entsteht bei dieser anderen Entwicklung die bange Frage: Wird sie eintreten? Denn sie kann nur dann kommen, wenn Menschen sie bewußt wollen. Damit ist gemeint, daß in jedem Volke Gruppen und Gemeinschaften sich herausgliedern werden, die nicht der reinen Bedürfnisbefriedigung folgen, sondern klare geistige Zielsetzungen in ihr Handeln aufnehmen. Solche Gemeinschaften können nicht dem Massengesetz unterliegen; im Gegenteil: aus ganz individuellem, ureigenem Entschluß heraus wird die Gemeinschaft mit den anderen Menschen gesucht und immer wieder neu erhalten werden müssen, und aus innerstem Antrieb muß sich auch der Wille, geistiger Zielsetzung gemeinsam zu dienen, ständig *erneuern.*

Damit sind wir bei den sozialen Ur- und Grundproblemen unserer Zeit: der Frage, wie Zusammenleben und Zusammenwirken der Menschen heute noch und heute neu möglich ist; diese Frage spielt als hartes Ringen in jede Gemeinschaft – in Familie, Ehe, in jede Gruppe, die gemeinsam etwas will – hinein. Und es sollte uns gar nicht wundern, daß gerade dieses Gebiet des sozialen Miteinander so ungemein schwer zu bewältigen, so umkämpft ist.

Denn hier kämpfen und ringen nicht wir Menschen allein; am Gelingen oder Scheitern eines gemeinschaftlichen Lebens und Handelns sind die geistigen Wesen selbst im höchsten Maße interessiert; geht doch immer vom Gelingen oder Scheitern einer Gemeinsamkeit nicht nur für die beteiligten Menschen, sondern darüber hinaus für die ganze Menschheit etwas Heilsames oder Zerstörendes aus. Wo auf sozialem Felde etwas in menschlicher Gemeinsamkeit geleistet wird, aus individuellem Ringen und innerer Überwindung, da können geistige Wesen zum Wohl der ganzen Menschheit in neuer Art hereinwirken.

Wir möchten dazu aus einem Vortrag Rudolf Steiners zitieren, der dieses Thema berührt, und den er am 1. Juni 1908 in Berlin gehalten hat:

»Dadurch, daß die Menschen freiwillig ihre Gefühle zusammenstrahlen lassen, wird wiederum etwas über den bloß emanzipierten Menschen hinaus gebildet. Der emanzipierte

Mensch hat seine individuelle Seele... Aber dadurch, daß die Menschen sich in freiwilligen Zusammenhängen zusammenfinden, gruppieren sie sich um Mittelpunkte herum. Die Gefühle, die so zu einem Mittelpunkt zusammenströmen, geben nun wiederum Wesenheiten Veranlassung, wie eine Art von Gruppenseele zu wirken. Alle früheren Gruppenseelen waren Wesenheiten, die den Menschen unfrei machten. Diese neuen Wesenheiten aber sind vereinbar mit der völligen Freiheit und Individualität der Menschen. Ja, wir dürfen sagen, sie fristen in einer gewissen Beziehung ihr Dasein von der menschlichen Einigkeit; und es wird in den Seelen der Menschen selbst liegen, ob sie möglichst vielen solcher höherer Seelen Gelegenheit geben, herunterzusteigen zu den Menschen, oder ob sie es nicht tun. Je mehr sich die Menschen zersplittern, desto weniger erhabene Seelen werden heruntersteigen in das Gebiet der Menschen. Je mehr Zusammenhänge gebildet werden, und je mehr da Gemeinschaftsgefühle ausgebildet werden, desto mehr erhabene Wesenheiten werden zu den Menschen heruntersteigen, und desto schneller wird der Erdenplanet vergeistigt werden.«

Diese Wesenheiten, von denen Rudolf Steiner hier spricht, werden wir als Engel und Erzengel aufzufassen haben, die sich in der geschilderten Art mit der Arbeit von menschlichen Gemeinschaften verbinden werden. In jedem Volke sollen solche Gemeinschaften entstehen, die in neuer Art die Verbindung mit den geistigen Wesen herstellen und ihr irdisches Handeln unter deren Leitung vollziehen, ohne daß das freie, schöpferische Ich des einzelnen dabei gedämpft wird; es wird vielmehr gerade durch eine solche Beziehung zu anderen Menschen und in Verbindung mit der aus dem Übersinnlichen wirkenden Geistigkeit seine wahre Entfaltung finden können.

Wir haben schon in dem Kapitel »Die Engel der Gemeinden« darauf hingewiesen, daß höhere Wirkungen der geistigen Welt nicht aus den Fähigkeiten eines einzelnen heraus entstehen können. Der einzelne, nur aus sich wirkende Mensch steht mit seinem Engel in Beziehung – in die Sphäre der höheren Engel und Erzengel reicht er allein nicht hinauf, so groß seine Fähigkeiten auch sein mögen. In *diesem* Sinne hat das Goethewort, welches wir als Überschrift für dieses Kapitel wählten, seine volle Berechtigung; denn die wesentliche Frage unserer

Zeit ist nicht, was der einzelne mit seinen Fähigkeiten vermag – und er vermag viel, aber es reicht angesichts der Zeitnot nicht aus –, sondern wie er seine Fähigkeiten zusammen mit denen anderer Menschen geistigen Zielen in *Gemeinsamkeit* dienstbar macht. Goethe hat es in seinem Märchen so ausgesprochen:

Ein Einzelner hilft nicht, sondern wer sich
mit vielen zur rechten Stunde vereinigt.

Wir können darauf hinschauen, daß heute schon an vielen Orten solche Gemeinschaften zu wirken begonnen haben. Ihre Zahl und ihre Kraft wird sich vervielfältigen, ihre innere Sicherheit wachsen müssen, wenn den Untergangskräften etwas wirksam entgegengesetzt werden soll. Und nicht wundern sollte es uns, daß gerade die Arbeit in Gemeinsamkeit heute so gefährdet und umkämpft ist. Denn bei diesem Ringen geht es um die Kräfte, welche der Menschheit ihre Zukunft geben sollen. Aber gerade in solchem Ringen um Gemeinsamkeit kann hie und da heute schon die Erfahrung, das Erleben aufdämmern, was es heißt, nicht aus persönlichen, sondern aus den Impulsen der Geisteswelt zu wirken; hier beginnt auf einem neuen, vom Menschen bewußt gestalteten Felde die Erfahrung vom Wirken höherer hierarchischer Wesen aufzudämmern.

Und andererseits werden solche Erfahrungen neue soziale, neue gemeinschaftsbildende Kräfte erwecken. Denn der Mensch wird in den sozialen Spannungen nicht nur auf seine und der anderen Menschen Unzulänglichkeiten und auf die persönlichen Motivierungen blicken, sondern darauf, daß er gemeinsam mit den anderen dem konkreten Wirken der geistigen Welt und ihren Wesen verpflichtet und verantwortlich ist. Dies Verantwortungsgefühl wird als starke moralische Kraft in alles soziale Leben hineinwirken können.

Auf diesem Hintergrunde erscheint noch einmal in einem neuen Lichte, was wir in den Kapiteln über »die Engel der Gemeinden« und »Engelwirken und Gottesdienst« dargestellt haben. Denn auf religiösem Felde ist das Zusammenwirken von Menschen, das Gemeinschaftswirken von vornherein die entscheidende Grundbedingung des Handelns; sie sind die wesentliche Voraussetzung, daß Kultus und Sakramente überhaupt *da* sein können; ohne sie könnte Kultus und religiöses Leben keine Entfaltung finden.

Andererseits ist im Kultus das Hereinwirken der geistigen Welt, der Engel bis hinauf zu den höchsten hierarchischen

Wesen »gegeben«. Eine Gemeinschaft wird durch die Kultusfeier zum Träger geistig-göttlicher Kräfte. Im Zusammenhang mit den Gedanken dieses Kapitels mag deutlich geworden sein, was solche Tatsachen für die heutige Zeit und für die Zukunft bedeuten können. Von ihnen kann unendlich viel Heilsames ausgehen – nicht nur für die beteiligten Menschen, sondern bis hinauf in die Bereiche der Wesen, die den Ort ihres Wirkens auf der Erde neu suchen und finden müssen.

Aus dem Wirken menschlicher Gemeinschaften in dem hier beschriebenen Sinne werden dann auch die Erzengel der Völker wieder neue Kraft gewinnen; es wird ihnen die Möglichkeit erwachsen, in einer neuen, geistigeren Art einzuwirken und die Kräfte des Volkstums zu verwandeln und zu durchgeistigen. Denn in jedem Volkstum ruhen ungehobene Seelen- und Geistesschätze, die der Menschheitszukunft dienen sollen. Sie sollen nicht verlorengehen; sie sollen aber in Zukunft nicht dem engen Kreis eines Volkes, sondern der ganzen Menschheit dargebracht werden. Um so wertvoller und heilsamer wird das sein was aus der Substanz eines Volkes geschöpft werden kann, je mehr es aus individuellem Ringen erarbeitet allen Menschen zugedacht ist. So werden die *Volksgeister* immer mehr den Anschluß an den *Zeitgeist* finden.

»In neuen Sprachen werden
sie reden ...«

Die Worte dieser Überschrift stammen aus dem Osterevangelium des Markus; sie werden als eine Zukunftsprophetie des Christus den Jüngern mit auf den Weg gegeben; sie sprechen von einer Erneuerungskraft, die von der Auferstehung ausgeht: »In neuen Sprachen werden sie reden!« (Markus 16). Was kann damit gemeint sein? Und wie steht es zu der Entwicklung, in welcher die Sprache und die Genien der Sprache heute begriffen sind?

Diese Frage weist im Grunde in eine weite Zukunft. Und doch hängt schon heute unendlich viel davon ab, ob es gelingt, der Sprache neue Quellen zu eröffnen, Quellen der Erneuerung und Wiederbelebung. Denn in gewisser Weise darf man sagen: Das Schicksal der Sprache ist das des Menschen; stirbt und verödet und verfällt die Sprache – so stirbt, verödet, verfällt das Innerste des Menschen; durch unsere Sprache wird schon im kleinen Kind die Seele für Geistiges erweckt oder abgestumpft, und allein durch die Sprache kann die Kultur eines Volkes gedeihen. Der Dichter Ezra Pound hat einmal in bemerkenswerten Worten auf diese Bedeutung der Sprache hingewiesen:

»Sowohl das gedruckte Wort wie der Trommeltelegraph müssen sich im Gesamtleben eines Volkes auswirken. Wie die Sprache zum mächtigsten Werkzeug des Betruges wird, so kann allein die Sprache die Maschen entwirren und durchhauen. Sie diente dazu, den Sinn zu verhehlen, den Sinn zu trüben und das vollständige Inferno des vergangenen Jahrhunderts zu erzeugen; wogegen *einzig* die Pflege der Sprache und das genaue Verzeichnen durch sie hilft. Und wenn die Menschen dies zu lange unterlassen, so werden ihre Kinder und Kindeskinder sich am Bettelstabe sehen« *(Date Line).*

In den tiefsten Grund der Bedeutung des Wortes für Mensch und Welt aber sehen wir, wenn wir auf das schöpferische Prinzip der Gottheit als auf den *Logos,* das heißt das geisterfüllte, schöpferische *Wort,* hinschauen. Damit ist gleichzeitig die

Richtung angedeutet, in die wir blicken müssen, wenn der Sprache sich Zukunft eröffnen soll.

Wie kann heute neue, schöpferische Kraft in der Sprache entstehen? Um davon sprechen zu können, sei zunächst an persönliche Erlebnisse angeknüpft.

Bei meiner ersten Begegnung mit der Christengemeinschaft fiel mir auf, wie anders da gesprochen wurde, als ich das bisher von der Schule her und aus dem kulturellen und religiösen Leben gewohnt war. Es war dabei nicht so sehr der Inhalt, der mir andersartig erschien, vor allem war es der Klang der Sprache, ihre innere Lebendigkeit, an dem das Erlebnis auftrat. – Ein ähnliches Erlebnis, nur nach der entgegengesetzten Seite hin, kann man heute oft an Radiosendungen, Reportagen, Bundestagsdebatten, Parteireden usw. haben: Man erschrickt über die Sprache, die da gesprochen wird – und wieder nicht so sehr über den Inhalt, als vielmehr über den leeren, seelenlosen Klang, der einem da entgegenkommt.

An beiden Erlebnissen wird das gleiche Grundproblem deutlich: Die Sprache ist heute erstorben; aber sie hat wieder Zukunft, wenn sie mit geistigen Inhalten neu erfüllt wird; dadurch allein gewinnt sie neue Kraft, neue Lebendigkeit entsteht in ihr, wo darum gerungen wird, ihren Sinn, ihre Gedanken mit der Lebensfülle der geistigen Welt in Beziehung zu bringen; wo nicht nur von Gott, Christus und Geist, von Seele und Leben nach dem Tode geredet wird, sondern wo im Sprecher eine lebensvolle, geistgemäße Vorstellung vom Inhalt seiner Rede lebt; da kann etwas auf den Hörer übergehen, was gleichsam auf den Wellen des Wortes in die Herzen einziehen möchte.

Gerade das entgegengesetzte Erlebnis – den gleichen Tatbestand von der anderen Seite beleuchtend – entsteht, wenn das Wort nicht nur seinem Geistinhalt nach entleert, sondern in den Dienst der Unwahrheit gestellt wird; wenn der Sprecher gegen seine tiefere Überzeugung reden muß. Man erschrickt über den seelenöden Klang der Sprache, die ihrerseits für den Hörer einen seelentötenden Charakter annimmt. Oder man wird abgeschreckt von dem illusionären Tonfall, den die Sprache annimmt, wenn z. B. in Reklamesendungen Dinge angepriesen werden, wobei der Sprecher weit entfernt ist davon, das wirklich zu meinen, was er sagt.

Solange die Sprachgenien unmittelbar in der Sprache ihre Tätigkeit entfalteten, war der Sprechende von der Sprache selbst getragen; die Sprache war so von geistiger Substanz erfüllt, daß es keiner besonderen Anstrengung bedurfte, sie lebendig wirksam zu erhalten. Heute sterben die Sprachen ab, weil die geschilderten Entwicklungen eingetreten sind. Und es ist der Bemühung des Menschen selbst anheimgegeben, ihr die Kräfte und die Substanz zuzuführen, derer sie für ihr Leben bedarf.

Das aber kann nur geschehen, wenn im Menschen eine neue Beziehung zur geistigen Welt gesucht wird; wenn ein neues Wissen vom Wesen des Geistigen erweckt und zum Leben mit dem Geiste geführt werden kann. Dann wird es möglich, daß die Erzengel der Sprache, die Sprachgenien, wieder in die Sprache der Menschen eintauchen und sie mit neuem geistigen Leben erfüllen.

Noch einen Schritt tiefer werden wir in die Sprachgeheimnisse hineingeführt, indem wir ein »Wahrspruchwort« Rudolf Steiners[13] bedenken:

> In gegenwärtiger Erdenzeit
> Braucht der Mensch erneut
> Geistigen Inhalt für die Worte seiner Rede;
> Denn von der Sprache behalten Seele und Geist
> Für die Zeit des schlafenden Weilens außer dem
> Leibe
> Das vom Wort, was auf Geistiges weist.
> Denn es müssen schlafende Menschen
> Bis zur Verständigung mit den Archangeloi
> kommen.
> Die aber nehmen nur Geist-Inhalt,
> Nicht Materien-Inhalt der Worte auf.
> Fehlt dem Menschen diese Verständigung,
> Nimmt er Schaden an seinem ganzen Wesen.

Hier wird ein sehr intimer Zusammenhang zwischen den Erzengeln (Archangeloi) und der menschlichen Sprache angedeutet, ein Zusammenhang, der im Schlafe wirksam wird. Wir haben in einem früheren Kapitel geschildert, wie die Begegnung des Menschen mit dem *Engel* im Nachtbereiche davon abhängt, ob am Tage geistige Gedanken die Seele erfüllt haben,

---

13 *Wahrspruchworte*, GA 40.

oder ob das nicht der Fall war. Wir sehen nun hier, daß von der Art der Sprache eine noch höhere Begegnung und – wie Rudolf Steiner sagt – »Verständigung« in der geistigen Welt abhängt: die mit einem *Erzengel*. Und so, wie die Engelbegegnung dem Menschen Schicksalskraft eingibt, so die Begegnung mit dem Erzengel Seelen- und Geisteskraft. Wenn Ezra Pound von dem »Bettelstabe« spricht, an den bei Verödung der Sprachkräfte »Kinder und Kindeskinder« geraten, so ist wohl nicht so sehr physische Armut gemeint, sondern die Verarmung der Seele, die keinen wahren Inhalt, keine Erfüllung mehr finden kann und an der Sinnlosigkeit des Lebens verkümmert.

Vermag aber im Menschen etwas vom Leben und Sinn des Geistigen aufzuleuchten, indem er entweder Worte hört, die lebendigen geistigen Inhalt haben, oder selbst solche Worte spricht – hier werden wir wieder an das Gebet erinnert –, dann trägt ihn die geistige Kraft dieser Worte des Nachts empor in den Bereich des Sprachgenius seines Volkes, und eine intime »Verständigung« findet auf diese Weise statt, die am nächsten Morgen als Bestärkung und Bereicherung der Seele erlebt werden mag.

Man sollte das innerliche, zarte Verhältnis zum Genius der Sprache, das da entsteht, nicht einseitig denken, so als würde nur von dem Erzengel etwas auf *den Menschen* übergehen. Denn gewiß geht auch das Umgekehrte vor sich: Daß vom Menschen *dem Erzengel* etwas entgegengebracht wird, was dieser aufnehmen und verwandeln kann. Wer heute in irgendeiner Sprache um den Ausdruck des Geistigen ringt – und es ist ein Ringen damit verbunden –, der muß Kräfte in sich aufrufen, welche die Erzengel aufzunehmen vermögen und die wie eine Stärkung für sie sind; dadurch können sie wiederum inspirierend auf den Menschen zurückwirken. Das gerade ist ja das Wesen einer »Verständigung«, daß eine wechselseitige Beziehung zwischen Wesen stattfindet. Eine solche Beziehung entsteht bei den Menschen, die sich zu Mitkämpfern der Erzengel um die Belebung, Beseelung und Durchgeistigung der Sprache machen.

Auf allen Gebieten ist dies heute notwendig, insbesondere aber in den Bereichen, in denen die Sprache das wesentliche Mittel der Wirksamkeit ist: in der Sprachkunst (Schauspiel usw.), in der Pädagogik und im religiösen Leben. Aus diesen Bereichen muß eine neue Sprachkultur in das ganze öffentliche und private Leben einstrahlen.

Eine ungeheure, nicht zu ermessende Bedeutung hat da schon, *wie* ein Lehrer zu den Kindern spricht; bis in die feineren Prozesse der Leibesbildung, der Konstitution, vor allem aber in die Kultivierung der Seele des Kindes wirkt die Sprache des Lehrers ein. Damit ist nicht der *Inhalt* gemeint, der natürlich in den einzelnen Fächern sachgemäß auftreten muß; auch kann es sich nicht darum handeln, den Tonfall sentimental oder salbungsvoll zu gestalten. Es handelt sich um den Klang, die innere Lebendigkeit und Kraft der Sprache, die bei einem Menschen entstehen, der ernst mit den Tatsachen des Geistigen zu leben versucht.

Auch in diesem Zusammenhang ist noch einmal auf die Bedeutung hinzuweisen, welche das Erleben des Kultus und damit der Kultussprache für den heutigen Menschen hat. Wenn es wahr ist, daß der Kultus die Wirksamkeit des Göttlichen in das Irdische trägt, muß die Sprache, das Wort zuallererst davon durchdrungen werden; schon ihre Formung muß den Gesetzen der geistigen Welt entsprechen, sie darf nicht willkürlich sein; sie muß einen »mantrischen«, d. h. einen geistmächtigen Charakter haben, ohne dabei äußerlich irgendwie aufdringlich zu wirken. Eine solche Sprache stellt besondere Anforderungen an den, der sie sprechen will. Ständige Bemühungen im Umgang mit dem Kultuswort sind notwendig, soll es nicht erstarren und zur leeren Hülle werden. Dann aber kann etwas von dem sich vollziehen, was wir in der Schau des Jesajas vor uns hatten: Feuer vom himmlischen Altar flammt hernieder, das Menschenwort kann wirklich wieder zum Träger des Geisteswortes werden – dies ist eine der tiefsten Erfahrungen unserer Gegenwart.

Daß die Möglichkeit für die modernen Sprachen durch die Begründung des neuen Kultus da ist, hat eine unabsehbare Bedeutung – Bedeutung für die Sprachgenien, in deren Bereich der Kultus erklingt, die daran erleben, daß die Christus-Logos-Wirkung in ihrem Lebensbereich aufleuchtet und neue Keime darin einsät – Bedeutung auch für die Menschenseelen, die an den Geistinhalten der Worte Anteil gewinnen und damit im nächtlichen Erleben wieder hinaufreichen können in das Gebiet der Erzengel, ja »bis zur Verständigung mit den Archangeloi kommen«.

Im Vollzug des Kultus und der Sakramente kann etwas von

der alten und doch wieder neuen Vollmacht *und* Innigkeit erlebt werden, die der Genius der Sprache dem Menschenwort einst mitgegeben hatte und die auf neue Weise, durch Christus verwandelt, heute schon erlebbar und in Zukunft immer wirksamer dasein werden.

Michael – Geisterkenntnis und Menschheitswille

Im ersten Teil des Buches war in drei Kapiteln schon vom Wirken Michaels die Rede; von seinem Aufsteigen in den Bereich der Urkräfte, von seinem doppelten Hereinwirken in unsere Zeit: in den apokalyptischen Situationen und Stürmen der Gegenwart und andererseits in Inspirationen, die über die Engel in die Menschenseelen zunächst unbewußt einstrahlen, Inspirationen, welche zu einem dunklen Sehnen und Suchen in der Gegenwart bei vielen Menschen führen.

Hier sei nun auf den Bereich hingewiesen, in welchem ein bewußtes Erleben des Zeitgeistes und eine bewußte Verbindung mit ihm möglich ist: Es ist der Bereich der menschlichen Gedanken, der menschlichen Ideen und Ideale, die den Menschen zum *Handeln* aus dem Geiste führen und ihn dem Menschheitswillen verbinden.

Michael ist heute mit seinem Wirken dicht an das innere Erleben der Menschheit herangerückt; wir haben schon im ersten Teil des Buches davon gesprochen, wie er mit gewaltigem, sonnenhaftem Glanz in der unmittelbar ans Irdische angrenzenden Geisteswelt erscheint – nur wie durch einen dünnen Schleier vom menschlichen Bewußtsein getrennt. Das Licht aber, welches von ihm ausgeht, ist nicht einfach Helligkeit: es sind die *Geistgedanken,* die durch ihn in die Welt hineinwirken sollen; sie umgeben ihn mit einer strahlenden Lichtaura; sie bilden sein »Strahlengewand«; sie wirken durch ihn in das Erdengeschehen hinein.

Man darf sich diese geisterfüllten Gedanken Michaels nicht abstrakt vorstellen, wie es die Gedanken des Menschen zunächst meist sind. Vielmehr kommt man dieser Gedankenart nahe, wenn man sich an Augenblicke erinnert, in denen ein Gedanke, eine Idee die Seele mit heller Begeisterung erfüllen konnte, so daß sie sich zum *Handeln* gedrängt fühlte. In solchen Augenblicken wird ein Gedanke zur Willenskraft; er lebt nicht kalt und tot in der Seele, beziehungslos zum Wesen des Menschen und der Welt, sondern er ergreift Herz und Willen und entfaltet eine schöpferische Kraft.

Fragen wir zunächst, um die von Michael ausstrahlende Kraft näher zu verstehen: Wie kommt es, daß ein Gedanke, eine Idee, ein Ideal solche Kraft in der Seele entbinden kann? Gewiß gibt es auf diesem Felde die verschiedensten Stufen und Ausprägungen; es gibt verschiedene Arten von Begeisterung; auch solche, die besser nicht Begeisterung, sondern Beseligung und Berauschtsein genannt würden; Zustände, die mehr seelisch oder emotional bestimmt sind. Wir meinen hier aber das, was als Kraft von einem großen Gedanken, einer Idee, einem Ideal im Menschen auszugehen vermag.

Eine solche Kraft haben die abstrakten Gedanken zunächst nicht; die naturwissenschaftlichen Vorstellungen z. B. »zünden« nicht in der Seele; sie bleiben für das menschliche Erleben »äußerlich«. Wer sich *nur* im Bereich solcher Gedanken und Vorstellungen bewegt, wird auch die Welt und sein Leben immer mehr als abstrakt und tot empfinden müssen, wie es heute für viele Menschen zutrifft.

Aber schon in der Mathematik lebt eine Gedankenart, die, wenn der Mensch sie erfassen kann, reine Begeisterung in der Seele auszulösen vermag; die kristallreine Klarheit, Durchsichtigkeit, Schlüssigkeit der mathematischen Gedanken kann begeisternd wirken.

Vor allem aber ist dies der Fall bei Gedanken, die mit dem tieferen *Wesen* des Menschen oder der Welt zusammenhängen, die den Menschen an seinen Zusammenhang mit dem Reich des Geistes erinnern und dadurch sein Streben dorthin anregen und ausrichten können. Die Ideale von Freiheit, Gleichheit, Brüderlichkeit z. B. stammen ja nicht aus dem *Irdischen;* denn im Irdischen herrscht zunächst Unfreiheit, Ungleichheit, Egoismus. Und doch lebt in jedem Menschen etwas, das in ihm aufleuchtet, wenn er diese Gedanken faßt – sie werden wie von selbst zu Idealen, d. h. sie ergreifen sein Herz und seinen Willen. Warum? Weil jeder Mensch aus einer Welt stammt, in der sein innerstes Wesen in der Kraft dieser Ideale gelebt hat: in der Geisteswelt. Dort waren sie reales Leben; indem er nun diesem Leben auf Gedankenart wieder begegnet, regt sich die geheimnisvolle Beziehung der Seele zu ihrer Ursprungswelt und wird zur Lebenswillenskraft, sich für diese Ideale einzusetzen.

Jedes wahre Ideal rührt an das tiefere, mit dem geistigen Ursprung noch unbewußt verbundene Wesen des Menschen. Deshalb kann es als Begeisterungskraft nicht nur das Denken, sondern auch Herz und Handeln im Menschen ergreifen. Und selbst die reine Begeisterung, welche die Mathematik in uns hervorrufen kann, weist auf unser Erleben in der Geistwelt zurück: Ihre Klarheit, Durchsichtigkeit und Schlüssigkeit erinnert uns an die Klarheit des geistigen Erlebens.

Aber jedes Ideal ist auch bedroht; es kann den Menschen entgleiten; vor der »Wirklichkeit« der Welt und der eigenen Seele droht es immer wieder zur Illusion zu werden. Der Zusammenhang des Menschen mit seinem Ursprung ist umkämpft.

In dem Lichte, welches von Michael ausgeht, leben die Geistgedanken der Welt als gestaltende, schöpferische Kräfte; es sind diejenigen Geist-Ideen, die zum Wesen des Menschen und zum Sinn der Weltentwicklung gehören; das große Zukunftsziel der Welt leuchtet in diesen Gedanken auf. Aber nicht so, daß es von Michael einfach nur gedacht, sondern daß es von ihm gewollt wird – so wie in der menschlichen Begeisterung Denken, Herz und Wille zu einer höheren Einheit zusammengeschlossen sind. Michael will den Menschen, weil er sein wahres Wesen denken kann und sein Herz dafür schlägt; und er will die Erdenzukunft der Menschheit, weil darin das Weltenziel enthalten ist und ihre Begeisterung entzündet.

So steht er heute unmittelbar an der Grenze des menschlichen Erlebens, um den Menschen mit seiner Kraft zu begaben. Aber er muß auf die Bereitschaft und freie Initiative des Menschen warten, um sich mit ihm zu verbinden. Er darf den Menschen nicht zwingen – denn durch Zwang würde er ihn gleichzeitig an denjenigen ausliefern, dessen *Wesen* der Zwang ist; mit ungeheurem Ernst blickt er deshalb auf den Menschen; er *winkt* ihm, sich ihm anzuschließen und sich so dem »Drachen« zu entreißen.

Michael selbst hat den Drachen unter seinen Füßen; er schwankt keinen Augenblick in der Treue zum Menschen und seinem Zukunftsbild; er trägt unverbrüchlich den Menschen und dessen höheres Wesen in sich, indem er es denkt und will; und er strahlt die Kraft des Menschen-Wesens als sonnenhaften Gedanken der Menschheit zu. Dadurch vermag er den Drachen unter seinen Füßen zu halten. Der Mensch aber soll lernen, aus eigener Kraft den Drachen ebenfalls an den Ort zu weisen, wo er seinen Platz in der Weltenordnung haben soll.

Man hat die Drachenkraft bisher vornehmlich als in den Emotionen und Trieben des Menschen tätig empfunden – und mit Recht. Heute muß aber das Bewußtsein dafür erwachen, daß der Drache auch die Gedankenart des Menschen ergriffen hat und darin nunmehr seine Hauptwirksamkeit entfaltet. Die heutige Auseinandersetzung mit dieser Macht spielt sich auf dem Felde ab, das wir am Anfang des Kapitels geschildert haben; auf dem Felde also, wo das geistige Wesen des Menschen und der Sinn der Erde gedacht werden können; und zwar so gedacht, daß sie Herz und Willen ergreifen und zu rechtem, von Liebe getragenem Handeln führen; wo es also darum geht, die Kraft geistgetragener Ideen in die Wirklichkeit hereinzutragen. Die Gedankenkraft dafür strahlt von Michael aus; der Mensch kann sie aufnehmen, gestalten, und damit dem Drachen entgegentreten.

Michael muß aber mit der geistigen Initiative des Menschen rechnen; sie sucht er wachzurufen, auch indem er die Menschheit heute vor Fragen stellt, die zu solcher Initiative hindrängen. Der Flügelschlag des Menschheitsgenius entfesselt die Stürme unserer Zeit, welche die Menschheit aus den Bindungen der Verbürgerlichung und den Fesseln erstarrter Erdenverhältnisse – den Nachwirkungen gabrielischer Impulse – lösen und befreien sollen; davon haben wir im ersten Teil des Buches gesprochen.

Aber sein Flügelschlag bringt nicht nur Stürme und Erschütterungen, er trägt vor allem mächtige Inspirationen an die Menschheit heran; diese Inspirationen leben als Gedankenkraft in dem Lichtglanz, der von ihm ausstrahlt und die Herzen und Gedanken der Menschen sucht. In den klaren Gedanken der Geisteswissenschaft Rudolf Steiners, in dem erneuerten Kultus und den damit verbundenen Einsichten für die Entwicklung des Menschen und für das religiöse Wirken leben die Inspirationen Michaels. Mit ihrer Hilfe ist es heute und in eine weite Zukunft hinein möglich, geistorientierte Ideen und Ideale mit dem Herzen und dem Handeln so zu verbinden, daß die Gefahren der Erstarrung und Verbürgerlichung überwunden werden können; daß das Ideal an den Schwierigkeiten und Enttäuschungen des Lebens, die immer da sein werden, nicht erlischt, sondern immer neu entzündet, bekräftigt, am Leben geprüft und dadurch vertieft werden kann.

Die Begeisterung des Menschen, für geistige Ziele sein Leben einzusetzen, braucht heute nicht mehr zu erkalten. Es kann heute nicht nur einen naiven, jugendlichen, es kann heute einen erworbenen, am Leben bewährten Idealismus geben. Dieser Idealismus schöpft seine Kraft aus zwei Quellen: zunächst aus der Möglichkeit, nicht nur verschwommene, undeutliche, sondern klare, überschaubare Gedanken über die geistige Welt zu haben; und zum anderen aus der Erfahrung, daß aus *solchen* Gedanken auch Wege sichtbar werden, die möglich machen, sich selbst und die praktischen Verhältnisse des Lebens in geistgemäßer Art umzugestalten und zu verwandeln – zwar nicht plötzlich und in einem Augenblick, aber doch in deutlich erfahrbaren, konkreten Entwicklungsschritten. An diesen Einsichten und Erfahrungen kann man lernen, Begeisterung immer neu zu entzünden, Idealismus täglich neu in sich zu erwecken. Damit tritt man in die Nähe Michaels; man beginnt, den »Drachen« wirksam zu bekämpfen.

Wovon wir hier sprechen, ist keine Illusion, keine Utopie. Es ist seit dem Beginn unseres Jahrhunderts – als das neue Wirken Michaels schon seinen Anfang genommen hatte – Lebenspraxis. Die Impulse des Menschheitsengels haben eine erste deutliche Gestalt angenommen in den Kulturinspirationen der Anthroposophie, in denen Geisterkenntnis nicht nur als Weg der Icherkraftung, Bewußtseinserweiterung, Selbsterziehung gelehrt und erfahren, sondern als Impuls und Weg in den praktischen Erfordernissen des Lebens und der Menschheitskultur wirksam wird. In vielen Bereichen – in Wissenschaft und Kunst, in Pädagogik, Medizin, sozialem Leben z. B. – sind heute Menschen tätig, die aus solchen Impulsen heraus handeln; daß sie heute insbesondere auch im religiösen Leben zur Geltung kommen, haben wir schon mehrfach angedeutet.

Fragen wir noch einmal: Was ist das Besondere dieser Impulse, dieses Handelns? Am Beispiel des Lehrers wollen wir es noch deutlicher erläutern: Erstens ist heute in der Pädagogik eine klare Erkenntnis und Erfahrung – nicht nur eine Theorie – davon möglich, wie in den einzelnen Entwicklungsepochen das Kind als eine geistige Individualität um seine Entfaltung und Gestaltung im Irdischen ringt; diese Erkenntnis und Erfahrung kann in überschaubaren, lebendigen Begriffen aufgezeigt werden. Zweitens führt diese Erkenntnis zu praktischen Maßnahmen, die in den einzelnen Phasen dieser Entwicklung, im neunten, im zwölften Jahr z. B. anzutreffen sind, um dem

Ringen der Individualität im Kind entgegenzukommen und ihr zu einer ihr angemessenen Ausgestaltung zu verhelfen.

Geisterkenntnis und Lebenspraxis beginnen so, lebendig zusammenzuwirken. Ideal und Lebenspraxis bleiben nicht getrennt, sondern ergänzen und befruchten sich gegenseitig. Sie können es, wenn der Mensch, der so wirken will, sich immer neu für dieses Wirken begeistert. Und ein Lehrer, der das geistige Wesen seiner Schüler so zu erfassen und ihnen gleichzeitig zu helfen vermag, durch die *richtigen* Methoden (schreiben lernen, nicht als Dressur), im richtigen Augenblick dieses Wesen nach und nach im Irdischen zu entfalten – ein solcher Lehrer wird leicht die Begeisterung für dieses Tun in sich immer wieder erwecken können.

An diesem Beispiel mag deutlich werden, wie heute auf dem Felde der Kulturerneuerung durch die Anthroposophie überall Ideen da sind, die zu Idealen werden können, aber nicht zu verschwommenen, illusionären, sondern zu deutlich im Denken faßbaren und zur Praxis hinführenden Idealen. In solchen Ideen und Idealen können die Inspirationen Michaels gegenwärtig sein, in ihnen können sie erlebt werden.

Auf etwas sei noch besonders hingewiesen, das zwar in den bisherigen Ausführungen unausgesprochen enthalten ist, aber doch betont werden muß. Wenn wir vom Erkennen und Handeln im michaelischen Sinne sprechen wollen, so ist darin immer eine bestimmte Richtung wirksam: die Richtung auf das Menschheitsganze. Alles egoistische Streben, auch im Sinne von Sektiererei, Parteiegoismus, Nationalismus usw. widerstreitet den Impulsen Michaels. Er hat die ganze Menschheit im Auge; ihrer Zukunft dient sein Wirken; denn er wirkt heute nicht als Erzengel eines Volkes, sondern als Zeitgeist im Bereich der Urkräfte, die immer die Menschheit als Ganzes wollen. Alles Erkennen und Handeln ist in seinem Geiste, wenn es von weltoffener Verantwortung und von Liebe zu allen Menschen getragen ist. Durch Michael wirkt nicht nur Geisterkenntnis, sondern Menschheitswille.

Von hier aus eröffnet sich noch einmal ein Blick in die Bereiche, welche der Mensch des Nachts durchlebt, von denen wir früher in bezug auf die Begegnung mit dem Engel und dem Erzengel gesprochen haben. In diesem Bereich kann sich noch eine weitere Begegnung vollziehen, die über die Engel und

Erzengel in das Gebiet der Urkräfte hinaufreicht. Wie die anderen beiden Begegnungen durch die Art des menschlichen Denkens und Sprechens möglich oder unmöglich werden, so diese dritte Begegnung durch die *Art* des menschlichen *Handelns*. Diese Begegnung hängt von dem *liebevollen Interesse* ab, das der Mensch für andere Menschen in sein *Handeln* einfließen läßt, und von seinem Interesse und seiner *Verantwortung für die Welt,* die sein *Tun* bestimmen. In solchem Handeln muß der Mensch eine stärkere Kraft entfalten als im Denken und im Sprechen; und diese Kraft trägt ihn nachts über die Bereiche der Engel und Erzengel hinauf in den der *Urkräfte.* Indem sie verwalten, was der ganzen Menschheit in einer bestimmten Zeitepoche zukommen soll, können sie aufnehmen, was im menschlichen Handeln vom Interesse für die Menschheitsentwicklung, d. h. aber: von Michael, impulsiert ist. Was solcherart im Handeln des Menschen strömt, ist für sie ein Gut, etwas Wertvolles, eine »Substanz«, deren die Urkräfte zu ihrer Tätigkeit im Irdischen bedürfen, denn sie selbst leben im Geistigen, nicht im Irdischen; um in das Irdische hereinzuwirken, nehmen sie auf und verwandeln die Kräfte, die im irdischen Handeln des Menschen positiv entstehen; aus diesen Kräften fließt dann wiederum etwas in den Menschen zurück.

Wie die nächtliche Begegnung mit dem Engel in ihrer Auswirkung am Tage zur Schicksalskraft, die Begegnung mit dem Erzengel zur Vollmacht über die Sprache führt, so kommt die Begegnung mit den Urkräften in einer noch größeren Wirkung zum Ausdruck: in der besseren Beherrschung der menschlichen Leiblichkeit, die dem Menschen seine Grenzen setzt; daß es ihm langsam möglich werde, diese Grenzen etwas auszuweiten und die Ideale, denen er dienen will, in der Begrenzung seiner Leiblichkeit besser durchzuführen, dazu fließt die Kraft aus der Begegnung mit den Urkräften.

Michael wirkt heute als »Urkraft« machtvoll an der Grenze des menschlichen Erlebens, in der unmittelbar an das Irdische angrenzenden Geistwelt; er steht an der »Schwelle« zum Geistigen, zwar voll im Bereich der *Urkräfte,* aber in diesem Bereich gleichsam auf »vorgeschobenem Posten«. Denn der tiefere Bereich dieser hohen hierarchischen Wesen öffnet sich – wie wir gesehen haben – nicht ohne weiteres für den Menschen. Um – wenigstens im nächtlichen Erleben – in ihn einzudringen, bedarf es der angedeuteten Voraussetzungen im Tun. Sonst bleibt die ungeheure Größe, Gewalt, Erhabenheit der Urkräfte mit ihren Menschheitsimpulsen verschlossen. Nur Michael ist – obwohl im Reiche der Urkräfte stehend – dem Menschen heute sehr nahe; er »winkt« dem Menschen, diese tieferen Bereiche der geistigen Welt zu erstreben; aber gleichzeitig muß er als »Hüter der Schwelle« jeden streng zurückweisen, der ungeläutert, aus Egoismus, nur inspiriert von der Kraft des Drachen, d. h. nicht aus Geisterkenntnis, die zu Menschheitswollen führt, diese Schwelle überschreiten will. Den Schwellenübergang wird er in Zukunft nur dem gewähren dürfen, der sich bewußt und frei mit ihm verbindet und so aus der Begeisterung des Herzens und aus dem Lichte der Geisterkenntnis zu handeln lernt. Solches Handeln wird dann die Impulse der Urkräfte in sich aufnehmen und für die Menschheitszukunft wirksam machen können.

Am Schluß des ersten Teiles dieses Buches war die Rede davon, daß auch die Begründung der Christengemeinschaft mit den Inspirationen Michaels zusammenhängt, und wie diese Inspirationen in der Gestaltung des heutigen religiösen Lebens ihren Ausdruck finden müssen. Wir können nun hinzufügen: Handeln aus Geisterkenntnis – im Sinne des Menschheitswillens –, das ist auch das Gesetz des erneuerten Kultus.

In der römischen Messe wurde – wie wir erwähnt haben – der Name des Erzengels beim Weihrauchopfer ausdrücklich genannt; auch heute will Michael die »freie Kraft«, die im Herzensopfer des Menschen entsteht, aufnehmen und für die ganze Menschheit wirksam werden lassen. Wo immer wahrer Kultus wirkt, da ist Handeln aus Geisterkenntnis – da ist Menschheitswille – da kann der Flügel des Menschheitsgenius walten und in seinem Walten erlebt werden.

Sind Teufel auch Engel?
Entstehung und Sinn des Bösen

Das Böse erlebt jeder Mensch in dessen unmittelbarer Wirksamkeit und Wirklichkeit – in sich, in und am anderen Menschen, in den Abläufen der Weltereignisse. Diese Tatsachen nicht nur einfach böse zu nennen, sondern auf etwas wesenhaft Böses – das Böse auf den Bösen – zurückzuführen, werden sich nicht alle Zeitgenossen gleich entschließen können.

Und doch ist das Wissen von den Teufeln und Dämonen so uralt wie das Wissen von den Engeln; und auch *diesem* Wissen lagen Erfahrungen zugrunde; beide Erfahrungen – die der Engel und die der Teufel – gehören in gewisser Weise zusammen, ja bedingen sich vielleicht sogar in geheimnisvoller Weise. Deshalb sei hier der Versuch gemacht, auch diese Seite eines wesenhaft-übersinnlichen Erlebens nun noch zu beleuchten; wobei es weniger darum gehen wird, an *Erlebnisse* heranzuführen – denn die stellen sich, im Gegensatz zu denen von Engeln, von selbst bei jedem Menschen ein –, sondern hier kommt es vielmehr darauf an, ihnen den richtigen Platz im menschlichen Dasein zuzuweisen.

Goethe hat einmal den geheimen Zusammenhang zwischen Engeln und Teufeln in genialer Weise dargestellt. Am Ende des Faustdramas treten den Teufeln, welche an Fausts Grab sein »Unsterbliches« erhaschen wollen, die Engel entgegen; sie streuen Rosen, die sie »aus den Händen liebend-heiliger Büßerinnen« erhalten haben und rufen dadurch in den Teufeln selbst Gefühle der Liebe hervor. Auch Mephisto wird von diesem – seiner teuflischen Natur zugleich widersprechenden – Empfinden ergriffen. Er fühlt sich auf unerklärliche Weise zu den Engeln hingezogen; es ist wie der verschüttete Rest einer alten Wesensbeziehung, der sich da geltend macht. Mephisto interpretiert diese Tatsache schließlich, indem er von den Engeln sagt: »Es sind auch Teufel, doch verkappt!« Damit hat er die Wahrheit auf »teuflische« Weise verdreht, die Wahrheit, die heißen muß: Ursprünglich gehörten auch die Widersacher zu den hierarchischen Wesen; sie sind »gefallene Engel«; sie sind Engel, »doch verkappt«.

Bekanntlich ist Goethe für bestimmte Aspekte des *Faust* vom Buche *Hiob* im Alten Testament angeregt worden. Da wird gleich zu Beginn geschildert, daß bei der Versammlung der »Söhne Gottes« (der Engelwesen) auch der »Satan« erscheint und von der Gottheit in das Gespräch einbezogen wird:

> »Es begab sich aber auf einen Tag, da die Söhne Gottes kamen und vor den Herrn traten, kam der Satan auch unter ihnen.
> Der Herr aber sprach zu dem Satan: Wo kommst du her? Der Satan antwortete dem Herrn und sprach: Ich habe das Land umher durchzogen.
> Der Herr sprach zum Satan: Hast du nicht achtgehabt auf meinen Knecht Hiob? Denn es ist seinesgleichen nicht im Lande, schlicht und recht, gottesfürchtig und meidet das Böse.
> Der Satan antwortete dem Herrn und sprach: Meinst du, daß Hiob umsonst Gott fürchtet? Hast du doch ihn, sein Haus und alles, was er hat, ringsumher verwahrt. Du hast das Werk seiner Hände gesegnet, und sein Gut hat sich ausgebreitet im Lande. Aber recke deine Hand aus und taste an alles, was er hat: was gilt's, er wird dir ins Angesicht absagen!
> Der Herr sprach zum Satan: Sieh, alles, was er hat, sei in deiner Hand; nur an ihn selbst lege deine Hand nicht. Da ging der Satan aus von dem Herrn« (Hiob 1, 6–11).

Die Erzählung schildert, wie Hiob nun ins Unglück gestürzt wird; da er aber an seiner Frömmigkeit festhält, verlangt Satan in einer weiteren himmlischen Versammlung auch Vollmacht, Hiob mit einer schweren Krankheit zu schlagen; auch diese Vollmacht wird Satan von der Gottheit erteilt.

Goethe hat dieses Motiv im Prolog seines *Faust* aufgegriffen; auch da erscheint Mephisto unter den Erzengeln; auch da wird ihm Vollmacht über Faust verliehen. Zweierlei mag uns in beiden Texten auffallen: daß der Widersacher so ohne weiteres unter den hierarchischen Wesen erscheint – als gehöre er dazu –, und daß er im Auftrag der Gottheit handeln darf.

Noch deutlicher tritt die Wahrheit von der ursprünglichen Beziehung der Widersacher zum Engelreich in der Überlieferung vom »Sturz Luzifers« hervor. Er – einer der höchsten Engel – wurde zum Gegner der Gottheit und mußte deshalb in den Abgrund geschleudert werden. Das Urdrama der Entstehung des Bösen erscheint in diesen Bildern. Ist es möglich, sich über die Hintergründe und den Sinn dieser Geschehnisse deutlichere Vorstellungen zu machen?

Wir können verschiedene Stadien auf dem Wege zur Entstehung des Bösen unterscheiden. Im Urbeginn war die Welt mit all ihren Wesen von der einheitlichen Kraft des Guten, das zugleich das Bildende und Schöpferische war, durchwaltet. Die hierarchischen Wesen standen uneingeschränkt im dienenden Verhältnis zur Gottheit. Auch der Mensch war unmittelbar der Gottheit zugewandt – auf dieser Schöpfungsstufe lebte er in einem Zustand, den die Bibel »das Paradies« nennt. Nie wäre es ihm möglich geworden, innere Selbständigkeit und Freiheit zu gewinnen, wenn dieser Zustand angedauert hätte. Wie das Kind nur in der Trennung von der Mutter sich selbst finden kann, so der Mensch in der »Abwendung« von der Gottheit.

Wohin aber hätte er sich abwenden können, wenn überall die Gottheit waltete? Es mußte ein Freiraum entstehen, in dem das göttliche Wirken nicht zur Geltung kam, und in dem solche Wesen wirkten, die nicht mehr unmittelbar von dem Göttlichen durchdrungen waren. Der erste Schritt in diesem Weltendrama also ist, daß die Gottheit selbst sich aus gewissen Bereichen der Welt und von gewissen Engelswesen zurückzieht; damit finden sich diese Wesen mehr und mehr auf sich selbst gestellt.

Menschliche Vorstellungen können nur ungenügend erfassen, was hier geschehen ist. Rudolf Steiner hat davon gesprochen, daß der Begriff eines Opfers, das von diesen Wesen gebracht werden mußte, am angemessensten sei. Es muß von diesen Wesen als ein tiefer Schmerz empfunden worden sein, nicht mehr in der Nähe der Gottheit zu leben, sich ihr nicht mehr zuwenden zu dürfen. Statt dessen mußte nun die Zuwendung zum Menschen erfolgen.

Aber nun beginnt der zweite Akt des Dramas. Denn indem diese freigestellten Engel auch an dem göttlichen Bewußtsein keinen Anteil mehr haben können, ist ihnen gar nichts anderes möglich, als in Abirrung und schließlich Verdunkelung ihres Bewußtseins zu verfallen. An dem Fortgang, welchen die Gottheit und die mit ihr verbundenen Wesen nehmen, haben sie keinen Anteil mehr. Sie finden sich ausgeschlossen. Auch das wahre Verständnis für die weiteren Entwicklungen in der Welt erlischt in ihnen. Hier nun erst entsteht das, was in der Überlieferung als Stolz und Empörung dieser Engel erwähnt wird. Zu Stolz und Empörung gehört schon Freiheit, die in der unmittelbaren Nähe der Gottheit nicht möglich gewesen wäre.

Den freigestellten Engelwesen bleibt nichts, als gleichsam in sich selbst zu kreisen. Auf sich selbst angewiesen, müssen sie ihre eigenen Kräfte einseitig nutzen und steigern. Und nun kommt es zu dem dritten und letzten Schritt: zur eigentlichen Entstehung der Widersacher und damit des Bösen.

Denn äonenlange Abschnürung von der Gottheit mußte sich für diese Engelwesen tief auswirken. An dem fortschreitenden Weltprozeß konnten sie keinen Anteil mehr haben. So hielten sie an der ihnen ursprünglich gegebenen Weisheit einseitig fest; ja, sie steigerten sich im Erleben dieser Weisheit in unerhörten Hochmut und krasse Selbstbezogenheit. Damit wurden sie für den Menschen die Anstifter zu Eigenliebe, Selbsterleben, Selbststeigerung und Egoismus: Es sind die Wesen, die in der Geisteswissenschaft Rudolf Steiners die »luziferischen« genannt werden.

Mit ihnen sind die »ahrimanischen« Wesen verbunden; sie stehen in gewisser Weise »höher« als die »luziferischen« Wesen, die nur sich in sich selbst steigern können; die »ahrimanischen« Wesen sind »älter«, machtvoller; sie können selbst schöpferisch werden. Sie können es wagen und vermögen es – indem sie die alte Weisheit verlassen –, eine neue Welt zu bauen, die sie mit *ihrer* Weisheit durchdringen. Diese Weisheit ist glänzend, verführerisch in ihrer Kraft, aber tot und kalt, und sie weiß nichts vom Wesen des Menschen; indem aus ihr eine Welt entsteht, ist auch diese Welt eine tote, kalte, die vom Mensch nur den Intellekt, aber nicht sein Herz und sein geistiges Wesen gelten läßt. In der Übersteigerung der Technik und einer unmenschlich werdenden Zivilisation wirken die Inspirationen dieser Wesen.

Ihre Gewalt ist groß; aber ihr Bewußtsein für das Weltganze ist verdunkelt; sie können nur überschauen, was in *ihren* Absichten liegt. Und in dieser Verdunkelung des Bewußtseins ist nicht nur Hochmut und Eigenwille, sondern Unmut und Gegenwille gegen das Göttliche entstanden, Kräfte, die gegen das gottgewollte Werk antreten, die zerstören, vernichten wollen. Sie treiben den Menschen selbst in dieser Richtung: zur Verleugnung des Göttlichen, was schließlich Sinnentleerung des Daseins und den Trieb zur Destruktion zur Folge haben muß.

Erst allmählich, in drei Akten eines Weltendramas, hat sich

so das Böse herausgebildet, aus dem Sich-Zurückziehen der Gottheit entstand ein Freiraum, in dem hierarchische Wesen sich auf sich selbst gestellt fanden; aus der so entstehenden Abgeschiedenheit folgte alles Weitere: Verlust der Einsicht in den göttlichen Weltenplan und vor allem in den Sinn der Menschenentwicklung, Selbststeigerung und Schöpfung einer eigenen Welt. Und da der Himmel ihrem Wirken verschlossen wurde, wandten sie ihre Kraft dem Menschen und der Erde zu. Damit aber wurden sie mittelbar *doch* zu »Mitarbeitern Gottes« am Menschen. Denn die Entstehung des Bösen hängt ja gerade mit der Entwicklung des Menschen zusammen.

Auf dem Weihnachtsbild des *Isenheimer Altares* hat Matthias Grünewald Engel dargestellt, die zur Geburt des Jesusknaben musizieren; zum Erstaunen des Beschauers findet sich unter den wunderbar gestalteten Engeln auch einer, der einen merkwürdigen Eindruck macht – zwar auch mit Flügeln, auch musizierend, aber mit dunkler Gestalt und verfinstertem Antlitz gebildet. Wollte Grünewald andeuten, daß selbst der Widersacher auf seine Weise im Orchester des Weltalls mitwirkt?

Der Mensch sollte – anders als die Wesen der Engelreiche – ein zu schöpferischer Freiheit berufenes Wesen sein. Freiheit kann aber nur erlangt werden, wenn, wie wir oben gesagt haben, ein *Freiraum* da ist, in dem das Göttliche nicht unmittelbar wirkt. Aber mehr noch: in diesem Freiraum mußte die reale Möglichkeit der Abirrung und Verfehlung, der Verleugnung des Göttlichen, des Bösen bestehen; sonst wäre Freiheit nur ein bloßer Schein. Um dem Menschen diese Möglichkeit zu eröffnen und damit die Grundlage seines eigentlichen Menschseins zu legen, mußte das Böse da sein und an den Menschen herangelassen werden. Aus dem Wesen des Guten mußte das Böse hervorgehen, um *ein höheres Gutes* zu ermöglichen; denn die Wesen, die *nur* gut sein *können* – wie die Engel –, sind zwar verehrungswürdig; aber das höhere Gute ist doch dies, das nicht von Natur gut ist, sondern wie der Mensch sein Gutsein der bewußten Hinwendung zum Guten, ja vielleicht dem Ringen mit dem Bösen verdanken muß. Man kann wohl ahnen, daß auf diese Art durch den Menschen eine höhere Qualität, eine höhere moralische Kraft in die Welt hereinkommt, die selbst die Engel nicht besitzen.

Im letzten Kapitel des Buches soll noch auf das Ziel der

Menschheitsentwicklung hingedeutet werden; wir können aber jetzt schon sagen: Die Erreichung ihres Zieles wird der Menschheit nicht leicht gemacht; das Böse tritt dem Menschen entgegen nicht nur zur Erlangung der Freiheit, sondern vor allem auch, um seine tiefste Kraft herauszufordern. Eine Menschheit, die in bequemen, friedfertigen, ruhigen Zuständen auf der Erde leben könnte, würde nur allzubald in Bequemlichkeit und Sattheit, in Trägheit verfallen. Goethe kennzeichnet diese Gefahr im Prolog zum *Faust* mit den Worten:

»Des Menschen Tätigkeit kann allzu leicht erschlaffen,
Er liebt sich bald die unbedingte Ruh;
Drum geb ich gern ihm den Gesellen zu,
Der reizt und wirkt und muß als Teufel schaffen.«

Das Böse schafft am Menschen, gerade indem es ihn gefährdet; indem der Mensch gefordert wird, ist er auch heraus-gefordert, d. h. veranlaßt, sein eigentliches Wesen herauszusetzen und in Entwicklung zu bringen.

Es wird dem Menschen nicht leicht gemacht. Aber das höchste Ziel der menschlichen Entwicklung fordert auch die höchsten Prüfungen und die höchsten Anstrengungen. Wir kennen dies auch sonst aus dem Bereich des menschlichen Schicksals: daß die bedeutendsten und größten Leistungen – z. B. auf künstlerischem Felde – oft dem Leiden und dem Schmerz abgerungen, ja abgetrotzt werden müssen.

Den Menschen begleitet göttliches Vertrauen, wenn er der Versuchung und Verführung durch das Böse mit Willen der Gottheit ausgesetzt wird. Sollte der Schöpfer sein Geschöpf nicht kennen? Sollte er nicht wissen, welche Kraft in dasselbe gelegt ist und wie sie angeregt und entwickelt werden kann? Die Kraft, die Versuchung zu überwinden, ist im Menschen da; in seiner Freiheit allerdings muß es liegen, sie auch zu betätigen; das kann allein der Mensch selbst tun oder nicht tun.

Blicken wir noch einmal auf das Hiob-Drama. An ihm zeigt sich, daß Leiden mit »böse sein« nicht unmittelbar zu tun hat; denn Hiob ist fromm, »gerecht«. Trotzdem gibt Gott dem Satan Vollmacht, Hiob zu verderben. Als einen Geschlagenen, Unglückseligen, Kranken finden wir Hiob im äußersten Elend des Leibes und der Seele. Aber Hiob rafft alle Kraft zusammen und – fordert Gott heraus, ihm zu antworten. Und der grandiose Schluß dieser alttestamentlichen Erzählung besteht darin, *daß* Gott antwortet. Aus der durch das Unglück gesteigerten Kraft erwächst Hiob die Möglichkeit zu einem tieferen Gotteserlebnis; ihm wird eine unmittelbare Begegnung mit dem Göttlichen zuteil, so daß er schließlich sagen kann:

> »Ich hatte bisher von Dir mit den Ohren gehört –:
> jetzt hat mein Auge Dich gesehen!«

Aus der Prüfung durch das Böse wird der Menschheit die Kraft zu höherer Gotteserfahrung, zur Gottesbegegnung, erwachsen; denn der Mensch soll ein »Partner« des Göttlichen werden. Dieses Bild vom Menschen reicht in eine weite Zukunft; und es ist noch etwas anderes mit ihm verknüpft: die Erlösung des Bösen. Kein Wesen der Welt – außer dem Christus – wird das Böse einst so gut kennen wie der Mensch. Dieser wird es auch sein müssen, der – im Bunde mit dem Christus – die Widersachermächte aus ihrer Isolierung und Verkrampfung in die kosmische Gemeinschaft der Wesen zurückholen soll. Dazu bedarf er einer allerhöchsten Kraft, die er nur in der unmittelbaren Auseinandersetzung mit dem Abgrund gewinnt. Kann ihm dies gelingen, so werden auch die Widersacher ihren Platz und eine neue Aufgabe in den Reihen der Engel finden, denen sie ursprünglich angehörten.

Kehren wir von dieser Zukunftsperspektive noch einmal in die unmittelbare Gegenwart zurück und wenden uns zum Schluß der Frage zu, wie sich denn die über dem Menschen stehenden Wesen, die Engel, Erzengel und Urkräfte, heute zu der Wirksamkeit der Widersacher verhalten. Wir haben schon davon gesprochen, daß in früheren Zeiten von seiten dieser Wesen dem Menschen ein stärkerer Schutz gegen die Widersacher gewährt wurde; heute halten sich die hierarchischen Mächte immer mehr zurück, und zwar in dem Maße, in dem die Kräfte des Menschen wachsen. Diese Zurückhaltung gibt den Gegenmächten größeren Spielraum; sie gewinnen zunächst die Möglichkeit, auf allen Feldern – in Menschen- und Volksschicksalen, im Weltgeschehen – stärker einzuwirken. In vieler Hinsicht feiern sie Triumphe. Sehen dabei die Engelwesen tatenlos zu?

Gewiß – die Engel sind, wie wir schon mehrfach betont haben, heute auf die freie Zuwendung des Menschen viel stärker angewiesen als früher; ganz verlassen haben sie den Menschen zwar nicht; sie greifen auch heute noch ein. Immer öfter jedoch müssen sie sich auch zurückhalten und den Menschen und die Menschheit in Situationen gebracht sehen, vor denen sie früher Schutz und in denen sie ungefragt Hilfe gewährt hätten.

Hier kommt nun dem Michael-Wirken noch eine tiefere Bedeutung zu; denn Michael ist, obwohl im Reich der Urkräfte wirkend, doch unmittelbar an die Grenze des menschlichen Erlebens herangerückt; zwar darf und will auch er diese Grenze nicht überschreiten; aber *an* dieser Schwelle, gleichsam auf »vorgeschobenem Posten«, kann er seine Wirksamkeit voll entfalten.

Diese Wirksamkeit vermag der Mensch – wie wir im Kapitel über Michael beschrieben haben – wahrzunehmen: als Sehnsucht, als Verantwortungsgefühl für die Zukunft, als Wunsch, sich irgendwie dem Geistigen zuzuwenden. Als »dunkler Drang« lebt es zunächst im Menschen und zugleich als Bewußtsein, daß es »noch etwas anderes« geben muß, daß sich das Leben nicht in materieller Sinngebung erschöpft. Die Frage ist, welche Bedeutung der Mensch diesem Bewußtsein beimessen kann, und was er tun wird. So ist der Mensch nicht alleingelassen und den bösen Mächten einfach ausgeliefert. In ihm lebt der »Wink« Michaels. Er zwingt den Menschen nicht, aber er ist da.

Und diesem Wink Michaels schließen sich die Engel an, indem sie ihrerseits die Impulse in die Seelen der ihnen anvertrauten Menschen einsenken, von denen schon im ersten Teil des Buches die Rede war (in dem Kapitel »Michael und das Engelwirken heute«): das Streben danach, in der Menschenbegegnung das tiefere Wesen des Menschen zu erfassen, im Religiösen innere Freiheit zu erleben, im Denken Geistiges zu erfahren und bewußtmachen zu lernen. Diese Impulse bringen sie je nach dem individuellen Schicksal an die Seelen heran. So bilden Michaels Wirken und das ihm sich verbindende Engelwirken doch ein Gegengewicht gegen die Macht, welche die Widersacher heute zu entfalten vermögen, ohne daß die menschliche Freiheit in Frage gestellt wird.

Von den Widersachermächten geht heute ein unbewußter, aber tiefgreifender Zwang auf die Menschenseele aus; ihm muß sich der Mensch bewußt entreißen. Von den höheren Wesen wird die Menschenseele in die Freiheit entlassen, nur ein »Wink« wird ihr mitgegeben; diese Freiheit kann der Mensch nutzen, um sich mit den höheren Wesen bewußt zu verbinden.

Die Widersachermächte entfalten eine gewaltige Kraft, den Menschen an sich zu fesseln. Mit den höheren Wesen sich verbinden heißt: dem Menschen wird in Zukunft aus dieser Verbindung eine größere Kraft erwachsen, eine solche, wie sie ihm nie zuvor gegeben war; eine Kraft, die auch die Gewalt der Widersacher überragen und überwinden wird. Aber sie wird keiner äußeren Gewalt und Macht gleichen. Goethe hat sie am Ende des *Faust* angedeutet im Bild der *Rosen,* die, aus dem Schicksal Gretchens und der Opferkraft ihres Herzens erblühend, von den Engeln ausgestreut, selbst die Teufel an ihren Ursprung im Geiste erinnern. Denn: Teufel sind auch Engel – »doch verkappt«.

Christus, die Hierarchien und
die Menschheit

In den bisherigen Darstellungen war in entscheidenden Punkten immer wieder vom Wesen des Christus die Rede. Daran kann sich die Frage entzünden, wie denn sein Verhältnis – und das Verhältnis des Göttlichen, also des Vaters, Sohnes und Geistes – überhaupt zu den Engelreichen zu denken ist. Diese Frage führt uns nun zur Zusammenfassung aller bisherigen Ausführungen.

Wenn man die neun Engelreiche bis hinauf zu den Cherubinen und Seraphinen über dem Menschen wirkend denkt, dann erscheint der »Ort« der höchsten Gottheit gleichsam noch über der höchsten Engelstufe, also über den Seraphinen. Die Seraphine allein können den unmittelbaren Anblick und die Nähe der Gottheit ertragen; ihr Sein ist selbst so mächtig und erhaben, daß es von der Gewalt und Größe der Gottheit nicht verzehrt wird.

Diese Vorstellung der über den Hierarchien thronenden Gottheit allein würde jedoch noch kein ganz zutreffendes Bild ergeben. Denken wir an einen Vergleich, der uns zu einer besseren Vorstellung verhelfen kann: das Verhältnis des Menschen-Ich zum Leibe und den verschiedenen Leibesgliedern. In gewisser Weise kann man sagen: Das Ich als die ewige geistige Wesenheit im Menschen steht *über* den Gliedern, *beherrscht* sie. Und doch lebt das Ich zugleich *in* den verschiedenen Gliedern des Leibes; es *durchwaltet* sie, so daß es durch sie hindurch anwesend ist; insbesondere dann, wenn der Mensch sich seiner Glieder wirksam bedient. Wenn ein Mensch z. B. einem anderen die Hand reicht, um ihn zu begrüßen, so werden wir nicht sagen: In dem Händedruck begegnen sich nur »Haut und Knochen«, sondern die Hand wird in solcher Begegnung unmittelbar zum Ausdruck des ganzen Menschenwesens. Noch deutlicher ist dies beim Antlitz oder gar beim Blick: Der Leib als Ganzes und in seinen einzelnen Teilen *ist* nicht der Mensch, dient aber dazu, das Wesen des Menschen zu offenbaren. So ist auch die Begegnung des Menschen mit der Engelwelt zugleich immer auch eine Begegnung mit dem Wesen des Göttlichen.

Durch die geistigen Wesen »weht« gleichsam die Gottheit selbst den Menschen an – wenn auch nicht in ihrer vollen, übergewaltigen Allmacht, die den Menschen verzehren müßte.

In den Gliedern lebt der Mensch nach außen, »extensiv«; andererseits aber hat er auch die Möglichkeit, nach innen zu leben, ohne die Glieder zu benutzen, »intensiv«. Das Ich kann sich wie in sich zurückziehen, sich in sich konzentrieren; im Nachdenken z. B. kann es sich aus den Gliedern »herauslösen« und mehr es selbst sein. Dann ist es auch, in sich selbst ruhend, nicht »in«, sondern »über« dem Leibe.

Dieser Vergleich kann uns tiefer verstehen lassen, wie die Gottheit zu den Engelreichen steht. Ihr Verhältnis zu den Engeln ist dem des Mensch-Ich zu den Gliedern vergleichbar. Denn die Engel sind gleichsam die Glieder der Gottheit, deren sie sich bei der Schöpfung und Erhaltung der Welt wie der Mensch der Arme und Hände beim Handeln bedient. So durchdringt das Wesen der Gottheit die Engelwesen.

Hierbei sei an eine bedeutungsvolle Stelle im Alten Testament erinnert, die vielleicht mit den angedeuteten Beziehungen der Gottheit zu den ihr dienstbaren Engeln zu tun hat. Da heißt es gleich am Anfang der Bibel im ersten Kapitel, bei der Erschaffung des Menschen: »Und Gott sprach: *Lasset uns* Menschen machen, ein Bild, das *uns* gleich sei ...«; die Mehrzahl in dieser Aufforderung hat die Theologie vielfach beschäftigt; man hat darin gewiß berechtigterweise einen Hinweis auf die Fülle der schöpferischen Wesen gesehen, deren sich die Gottheit bedient, und »durch die hindurch« sie schafft – im Sinne auch der Psalmworte:

»Lobet den Herrn, ihr seine Engel, ihr starken Helden, die ihr seinen Befehl ausrichtet, daß man höre auf die Stimme seines Worts! Lobet den Herrn, alle seine Heerscharen, seine Diener, die ihr seinen Willen tut!« (Psalm 103, 20 und 21).

»... der du machst Winde zu deinen Engeln und zu deinen Dienern Feuerflammen« (Psalm 104, 4).

(Dieser Wortlaut kehrt als Zitat übrigens im Neuen Testament im Hebräerbrief 1, 4 wieder, ist also auch eine dem Neuen Testament entsprechende Vorstellung.) Auch das Vaterunser deutet auf die Verbindung der Gottheit mit den geistigen Wesen hin, wenn es sagt: »Vater unser, der du bist *in* den Himmeln...« – der Vatergott durchdringt und erfüllt die

Himmel mit seiner Kraft. (Im griechischen Urtext steht hier *Mehrzahl:* »die Himmel« – die verschiedenen Stufen und Sphären der geistigen Welt.) Dann ist es aber vor allem auch der Christus selbst, welcher auf dieser Art nicht nur über, sondern in und mit den Engeln wirkt.

Allerdings bedarf dieser Vergleich einer Ergänzung; er ist nur begrenzt richtig; denn die Glieder des Menschen sind unselbständig und willenlos – und hier hört die Gültigkeit des Vergleichens auf. Die hierarchischen Wesen bilden zwar den geistigen Leib der Gottheit, sind aber selbst zugleich im höchsten Sinne »wesenhaft« – so etwa, als würde unser Herz nicht nur ein *leibliches* Organ für uns sein, sondern ein *Wesen;* seine Fähigkeit bestünde darin, die Lebenskräfte zusammenzufassen, zu harmonisieren und den anderen Gliedern des Leibes zuströmen zu lassen; seine seelische Eigenschaft wäre selbstlose Liebe, und es trüge überdies nichts anderes in seinem Willen, als uns ein Leben lang treu und selbstlos zu dienen. So sind die geistigen Wesen jeweils mit besonderen Kräften und Fähigkeiten ausgerüstet, die sie für das Ganze des Weltalls wertvoll und unverwechselbar machen; sie haben alle »ihren« Ort innerhalb des Kosmos und ihre besondere Aufgabe. Und ihr Wille ist auf nichts anderes gerichtet, als mit diesen ihren besonderen Möglichkeiten der Gottheit zu dienen.

In der Fülle der geistigen Wesen ist die Fülle der Gottheit »auseinandergefaltet«, die sonst unerschlossen im Grunde des Seins »ruhte«. Man denke an ein Musikwerk, eine Sinfonie: die Offenbarung einer Fülle und Überfülle von Klang- und Beziehungsmöglichkeiten in der Welt der Töne, die vorher nur im verborgenen war. Man kann sagen: Alle diese Klänge waren der Möglichkeit nach auch vorher schon da, bevor das Musikwerk komponiert und gespielt wurde; und doch liegt in dem Akt des »Hervorbringens« etwas Besonderes: Es ist der Eintritt aus der Möglichkeit in die Wirklichkeit, und damit der Eintritt in eine höhere Form des Seins und zugleich in neue Formen der Möglichkeiten.

So geht aus der verborgenen, unentfalteten Fülle der Gottheit die offenbare Fülle der Engelreiche hervor; indem, was im Grunde ruhte, sich wesenhaft auseinanderfaltet, entstehen

zwischen den Wesen Beziehungen, Spannungen, »Klänge« in
Fülle und Überfülle, die vorher möglich, aber nicht wirklich
waren. Indem sie sich verwirklichen, ermöglichen sie Neues,
noch nicht Gewesenes. In der Engelschöpfung können wir –
menschlich gesprochen – einen ersten Schritt der Gottheit über
sich selbst hinaus erahnen.

Der Christus ist es, der in den vielfältigen Beziehungen der
Wesen untereinander lebt; er ist die geheimnisvolle »Mitte der
Schöpfung«, der eigentliche »Mittler«; der Mittler nicht nur
zwischen Gott und Mensch, sondern auch zwischen den anderen Wesen der Welt.

So wie das Blut – vom Herzen her strömend – im Zellenkosmos des Leibes das Leben vermittelt und bewirkt, so wirkt im
Kosmos der geistigen und irdischen Wesen der Christus als das
eigentliche Herz der Welt. In ihm ist die Einheit der Welt bei
aller Vielfalt der Wesen garantiert. Dies Geheimnis berührt
Paulus z. B. im Brief an die Epheser, wenn er sagt:

»Alles, was in den Himmeln und auf der Erde ist, in Christus
soll es erneuert und zu einem Wesen zusammengefaßt werden« (Epheser 1, 10).

»Er hat ihm alles unter seine Füße getan und hat ihn zum
Haupte gemacht über alles in der großen Gemeinschaft, die
sein Leib ist: die göttliche Wesens-Fülle dessen, der alles in
allem erfüllt« (Epheser 1, 22–23).

Wir sind im Kapitel über das Wirken der Urkräfte auf die Frage
gestoßen, ob nicht ein »Dirigent« den »Chor der Geister«, das
»Orchester« des Universums leiten muß, damit Einklang in die
Fülle der Möglichkeiten gegossen wird. Und wer bestimmt
überhaupt, *was* gespielt wird?

In dem Christus schauen wir auf diesen »Dirigenten« der
Schöpfung hin. Nicht als sei eine Leitung und Herrschaft von
außen nötig; der Einklang kommt gerade dadurch zustande,
daß der Christus die Wesen und Welten von innen her zusam-
menfaßt; ja, er ist geradezu dieser Einklang, das »Wort«, das
durch alles spricht, die »Melodie«, die in allem klingt.

Einzelne Wesen allerdings sind dem Wesen Christi in besonderer Weise nahe; so kann von Michael gesagt werden, daß er
das »Antlitz« Christi sei und durch ihn der besondere sonnen-
hafte Glanz des Christus ausstrahle. So steht der Führer des
jüdischen Volkes – der Gott des Alten Testaments, Jahve – in

einer ganz besonderen Nähe zu dem Christus. So erscheinen im Neuen Testament Moses und Elias bei der Verklärung an seiner Seite im Geistgespräch mit ihm; besondere Engel sind es auch, die seine Auferstehung verkünden.

Mit dem Wesen des Christus ist die Gottheit »in alle Welt ergossen«, durch die Engelreiche wirkend, die hierarchischen Wesen zu Dienern, Boten, Mitwirkenden machend. So lebt die Gottheit »extensiv« mit den Wesen der Welt; aber auch in ihr gibt es – wie beim Menschen – das Sein in sich selbst, die »Intensität« Gottes, die *über* allem Weltwesen thronende, alles überragende Macht und Größe der Gottheit.

Nun aber ist durch die Mensch-Werdung Christi in dieser Beziehung eine besondere Situation eingetreten. Die Erde und die Menschheit ist dadurch zu einem neuen Mittelpunkt der Evolution geworden. Wenn wir oben davon sprachen, daß der »Ort« der Gottheit *über* den Hierarchien sei, müssen wir nun hinzufügen: Durch die Christustat reicht die Gottheit »hinunter« auf die Erde; der Christus lebt mit der Erde und mit den Menschen; er hat in gewisser Beziehung den Himmel verlassen; aber er hat das Geheimnis des Todes und des Bösen in sich aufgenommen und verwandelt. Dadurch ist er in ein verändertes Verhältnis zu den geistigen Wesen gekommen. Wir wollen versuchen, diese schwierige Vorstellung mit kurzen Worten deutlicher zu umreißen.

Zunächst: wenn wir sagten, daß der Christus die himmlischen Welten verlassen habe, so ist dies nicht in absolutem Sinne gemeint. Schon ein Mensch kann auf verschiedenen Stufen seines Wesens gleichzeitig – mehr oder weniger bewußt – tätig sein; er kann z. B. eine äußere Arbeit gut und ordentlich verrichten, zugleich seinen Gedanken und Erinnerungen hingegeben sein und vielleicht »nebenbei«, mit »einem Ohr«, ein Gespräch mithören, das in der Nähe stattfindet. Von Thomas von Aquin wird berichtet, er habe gelegentlich zwei Schreiber gleichzeitig beschäftigt im Diktat zweier theologischer Werke.

Was so beim Menschen im Ansatz und im Kleinen möglich ist, müssen wir uns bei dem göttlichen Wesen des Christus ins Umfassende gesteigert denken: seine Anwesenheit auf den verschiedensten Stufen des Daseins. Er kann gerade dadurch der Mittler der Wesen und die Mitte der Welt sein, weil sein göttliches Bewußtsein alle Sphären der Welt umfaßt. So meint das Wort vom »Abstieg« aus den Himmeln, vom Verlassen der Engelwelt nicht ein vollkommenes Sich-Zurückziehen aus jenen Bereichen – und doch tritt eine Veränderung ein: Der »Schwerpunkt« seines Wirkens rückt auf die Erde, zu den Menschen; dort kann man ihn »finden«; der »Mittelpunkt« der Welt ist durch ihn auf die *Erde* verlagert.

Damit hat Erde und Menschheit eine neue Bedeutung im Gesamtzusammenhang der Welt erhalten. Nicht umsonst geht der Kampf der Widersacher um den Menschen; denn hier lohnt sich ein Einsatz, weil in den Menschen etwas »investiert« ist, was den Menschen wertvoll erscheinen läßt. Einerseits zwar ist der Mensch unvollkommen, unfertig; aber gerade dadurch ist in ihm, und durch ihn Entwicklung möglich. Der Ort, wo der Kosmos sich *weiter*entwickeln kann, ist der Mensch.

Wir sagten, daß die Gottheit in der Entfaltung ihres eigenen Wesens in die Hierarchien hinein einen ersten Schritt wie »über sich selbst hinaus« getan hat. Ein weiterer, erschütternder, ungeheurer Schritt geschah in der Erschaffung eines unvollkommenen, zur Freiheit bestimmten Wesens – des Menschen. In dem Wagnis, das damit eingegangen war, liegt gleichzeitig die Möglichkeit zu Entwicklungen, welche Wesen versagt bleiben, die zwar *vollkommen,* aber *unfrei,* d. h. eingebunden in den Willen der Gottheit, sind.

Im Menschen geht die Entwicklung in eine höhere Vollkommenheit weiter. Christus hat sich dieser Entwicklung verbunden. Und je mehr die Menschen das, was von dem Christus kommt, annehmen, je mehr sie in wirklichem Sinne, »Brüder Christi« und damit »Söhne Gottes« werden, desto mehr wachsen sie auch in eine neue Stellung den Engelwesen gegenüber hinein, von der die nun noch im letzten Kapitel dieses Buches gesprochen werden soll. Dieses Geheimnis wird im Neuen Testament dreimal angerührt. Petrus weist in seinem ersten Brief darauf hin, wenn er sagt (1. Petrusbrief, 1. Kapitel), daß, was dem *Menschen* durch das Wirken der Gottheit übergeben ist, »auch die Engel zu schauen gelüstet« (Vers 12). Ebenso muß eine Stelle im Epheserbrief des Paulus verstanden werden (Kapitel 3, 10), die besagt, daß den Menschen das Gottesgeheimnis offenbart wurde, damit es auch die Engelwesen (Archai und Exusiai) erfahren können. Hierher gehört schließlich auch das schon erwähnte Pauluswort, daß für die Engel entscheidend wird, was ausgeht vom Menschen (1. Korintherbrief 6, 3).

Durch die Christustat hat sich die »Mitte der Welt« mit der Erde verbunden. Das hat Folgen für *alle* Weltwesen, nicht nur für den Menschen, sondern auch für die hierarchischen Wesen, die auf die Menschheit hinzuschauen beginnen als den Bereich, dem sie nicht nur geben, sondern von dem sie empfangen können.

Vom Werden
der »zehnten Hierarchie«

Am Schluß dieses Buches soll von dem Zukunftsbild des Menschen gesprochen werden, das in dem heutigen Menschheitszustand noch kaum zu ahnen ist. Es ist in seiner ganzen Größe heute noch verhüllt; erst in Zukunft wird es hervortreten. Dann aber wird sich zeigen, daß unendlich viel in die Entwicklung des Menschen »investiert« worden ist, was erst langsam seine Früchte tragen kann. Paulus spricht von dem zukünftigen »Offenbarwerden der Söhne Gottes« – womit er gerade auf das Zukunftsbild des Menschen hinweist –, und Johannes sagt im ersten seiner Briefe: »Es ist noch nicht erschienen, was wir sein werden.« An diese noch verborgene Zukunftskraft des Menschen knüpft sich im christlichen Sinne »das Prinzip Hoffnung« (Ernst Bloch).

Die Menschheitsentwicklung steht in einem großen kosmischen Zusammenhang; die Menschen sind zu Trägern einer schöpferischen Freiheit und eines höheren Guten berufen und damit zu »Söhnen Gottes«, deren »Offenbarwerden« Paulus ankündigt. Diesem Pauluswort tritt ein noch kühneres Wort an die Seite; es ist ein Wort, das der Christus aus dem Alten Testament aufgreift und bestätigt; es lautet: »Ihr seid Götter.« Damit ist an das alte Wissen von der Ebenbildlichkeit des Menschen mit der Gottheit angeknüpft. Wenn alles dies zunächst auch verhüllt und durch den Sündenfall wie verloren ist, es ist doch im Menschen »investiert« und verborgen; wie man der Raupe und Puppe nicht ansieht, daß sich darin eine Schmetterlingsgestalt geheimnisvoll wirksam vorbereitet, so dem Menschen nicht das Zukunftsbild, das in ihm verborgen ist.

Doch wir sind heute in ein entscheidendes Stadium auf dem Weg zur Menschenzukunft eingetreten. Das wird von vielen Menschen mehr oder weniger deutlich gefühlt. Und wir haben diese Tatsache schon berührt, als wir davon sprachen, wie die Wirkungen der Engel im Schicksal, der Erzengel in der Führung der Völker und Belebung der Sprachen, der Urkräfte im Bereich der Menschheitsführung sich verändern; wie ein Zurücktreten dieser Wesen von ihren Aufgaben stattfindet und es dem Menschen immer mehr überlassen bleiben muß, von sich aus sich mit den geistigen Wesen zu verbinden und so neu ihre Mitwirkung in das eigene Schicksal und in die Menschheitsentwicklung hereinzurufen. Wir haben auch bereits davon gesprochen, daß dies zur weiteren Entfaltung der menschlichen Freiheit notwendig ist.

Denn bisher wäre der Mensch doch den Kräften der Widersacher rettungslos verfallen, hätten nicht die hierarchischen Wesen zu seinem Heile die Widersacherwirkungen gemildert und ausgeglichen. Die unmittelbare Leitung und Führung der Engelwesen war dem Menschen notwendig und heilsam. Aber sie darf nicht immer so fortwirken. Die Menschenkraft reift heran – so wie im persönlichen Leben ein Mensch mündig wird und der Führung der Eltern entwächst. Der Zeitpunkt der geistigen Mündigkeit ist für die Menschheit in unserem Jahrhundert gekommen. Die hierarchischen Wesen beginnen, sich zurückzuziehen.

Das bedeutet für die Menschheitsentwicklung zweierlei: Zunächst ist der Mensch als einzelner und die Menschheit als Ganzes dem Ansturm der Widersacher ungleich stärker preisgegeben als früher. Diese Tatsache ist klar erlebbar. Die Menschheit wird zeigen müssen, ob sie die in ihr schlummernden, reifgewordenen Kräfte im Sinne der geistigen Mündigkeit gebrauchen lernt. Hierin liegt eine unglaubliche Herausforderung; aber zugleich liegt darin auch von Seiten der Gottheit ein Beweis des unendlichen Vertrauens in das, was im Menschen wirklich lebt.

Andererseits bahnt sich aber auch ein neues Verhältnis zu den Engelwesen selber an; denn nun wächst der Mensch in eine »Partner-Stellung« zu den Wesen hinein, die doch weit über ihm stehen. Die Engel, Erzengel und Urkräfte beginnen, das vom Menschen Kommende mehr und mehr als etwas Wertvolles zu empfinden. Was sich der Mensch abzuringen vermag, wird zu einer bedeutungsvollen Substanz für die geistigen Wesen. In der »Offenbarung des Johannes« ist dies – wie wir gezeigt haben – an verschiedenen Stellen angedeutet, wo davon gesprochen wird, daß durch die Kräfte der mit Christus verbundenen Menschen in der geistigen Welt Wirksames geschieht. Auch können wir an das über die Sprach- und Gemeinschaftsentwicklung und über das Wirken Michaels Ausgeführte erinnern.

Erlebbar wird dies neue Verhältnis zu den Engeln wohl am

ehesten im eigenen Schicksal. Auch hier wird man in der Gegenwart ein zartes oder auch deutlicheres Zurücktreten der Schicksalsführung bemerken; besonders um das 28. Lebensjahr, spätestens um die Lebensmitte, verändert sich oft das Verhältnis zum eigenen Engel. Ja, wir mußten sogar sagen, daß die Schicksalsführung unwirksam werden kann, wenn der Mensch durch rein materialistisches Verhalten seinem Engel des Nachts nicht mehr voll zu begegnen vermag.

Mehr und mehr muß auch hier die Initiative vom Menschen selbst ergriffen werden. Nicht als würde der Engel ihm untreu; seine Treue bleibt unverbrüchlich; aber er muß in wachsendem Maße die Treue fordern, die der Mensch selbst aufbringen kann und muß, damit dieser in den ihm zukommenden Rang eines frei und schöpferisch mit dem Geiste verbundenen Wesens hereinwachsen kann. Auf keine andere Art findet der Mensch die Selbständigkeit seines innersten Wesens, und auf keine andere Art entfaltet er die moralischen, schöpferischen Kräfte, die ihn weiterführen.

So muß gesagt werden:

»Es bedarf der Mensch der inneren Treue,
Der Treue zu der Führung der geistigen Wesen.
Er kann auf dieser Treue auferbauen
Sein ewiges Sein und Wesen
Und das Sinnensein dadurch
Mit ewigem Licht
Durchströmen und durchkraften.«

Rudolf Steiner

Hierin liegt der Beginn dafür, daß der Mensch Partner der Engel wird; denn schon beginnt – wir wiederholen es – für die geistigen Wesen wertvoll zu werden, was von einem Menschen ausstrahlt, der in innerer Treue die rechten Wege seines Schicksals sucht.

Mit dem so Geschilderten ist ein Anfang bemerkbar, der in eine weite Zukunft führt, wenn der Mensch nach den beiden geschilderten Richtungen seine Aufgabe ergreift: am Ringen mit den Widersachermächten zu erstarken, und in der bewußten Hinwendung und Treue zu den geistigen Wesen immer mehr zu erwachen.

Der Mensch macht auf diesem seinem Wege Erfahrungen, welche kein anderes Wesen der Welt so haben kann. Und er entwickelt Fähigkeiten, die nur er allein in die Zukunft der Welt hereinzutragen vermag. So wird er nicht nur zu einem wertvollen Gliede der Schöpfung, er entwickelt auch selbst schöpferische Kräfte: Er wird – nach dem Worte des Paulus – ein »Sohn Gottes«. Die ursprüngliche Ebenbildlichkeit des Menschen mit Gott soll auf einer höheren Stufe, nämlich frei und bewußt, wiedererlangt werden. Damit steigt er in die Ordnung der schaffenden Wesen auf; er schickt sich an, das zehnte Reich der hierarchischen Wesen zu bilden.

Nicht nur für den Menschen selbst, für die ganze Schöpfung wird diese Entwicklung von weittragender Bedeutung sein; sie wird einen »Weltenfortgang« bringen. Am Ende der »Offenbarung des Johannes« erscheint in dem Bilde einer zukünftigen Welt nicht nur eine neue Erde, sondern auch ein neuer Himmel. Indem der Mensch in die Reihe der hierarchischen, der himmlischen Wesen als die zehnte Ordnung im Reiche der Geister aufzurücken beginnt, wird sein Wesen nicht mehr nur hinabreichen auf die Erde; es kann gleichsam in den Himmel »emporwachsen« und dort die Schöpferkraft entfalten, die nur ihm und keinem anderen Wesen der Welt eigen sein wird; eine Kraft der Erneuerung für den ganzen Kosmos.

Die neun Hierarchien

I. Hierarchie (dem Vater zugeordnet)

Seraphim »Geister der Liebe«
Die Gott-Schauenden (Jesajas 6, 1 ff.)
Die Brennenden (Psalm 104, 4)

Cherubim »Geister der Harmonie«
Verwalter der Opfersubstanz (Hesekiel 10)

Throne »Geister des Willens« (Kolosser 1, 16)

II. Hierarchie (dem Sohne zugeordnet)

Kyriotetes »Geister der Weisheit«
Weltenlenker lat. dominationes – Luther: Herrschaften
(Kolosser 1, 16; Epheser 1, 21)

Dynameis »Geister der Bewegung«
Weltenkräfte lat. virtutes – Luther: Mächte, Tugenden
(Römer 8, 38; Epheser 1, 21)

Exusiai »Geister der Form«
Offenbarer hebr. Elohim – lat. potestates
Luther: Obrigkeiten, Gewalten
(Kolosser 1, 16; 2, 11; Epheser 1, 21)

III. Hierarchie (dem Geist zugeordnet)

Archai »Geister der Persönlichkeit«, »Zeitgeister«,
Urkräfte »Urbeginne«, lat. principatus – Luther: Für-
stentümer (Römer 8; Kolosser 1 und 2;
Epheser 1, 21)

Archangeloi »Feuergeister«, »Volksgeister«
Erzengel lat. archangeli

Angeloi »Söhne des Lebens«, Schutzengel
Engel lat. angeli

Erzengel-Epochen
(siehe S. 52)

Michael	600–200 v. Chr.
Oriphiel	200 v. Chr.–150 n. Chr.
Anael	150–500 n. Chr.
Zachariel	500–850 n. Chr.
Raphael	850–1190 n. Chr.
Samael	1190–1510 n. Chr.
Gabriel	1510–1879 n. Chr.
Michael	seit 1879

III.
Engel-Gedichte, Engel-Texte

1. Aus dem Judentum

Denn er hat seinen Engeln befohlen über dir, daß sie
dich behüten auf allen deinen Wegen,
daß sie dich auf den Händen tragen und du deinen Fuß
nicht an einen Stein stoßest.

Psalm 103, 19–22

Der Herr hat seinen Stuhl im Himmel bereitet, und sein
Reich herrscht über alles.
Lobet den Herrn, ihr, seine Engel, ihr starken Helden,
die ihr seinen Befehl ausrichtet, daß man höre
auf die Stimme seines Worts!
Lobet den Herrn, alle seine Heerscharen, seine Diener,
die ihr seinen Willen tut!
Lobet den Herrn, alle seine Werke, an allen Orten seiner Herrschaft! Lobe den Herrn, meine Seele!

Jüdisches Gebet

Zu meiner Rechten steht Michael,
zu meiner Linken Gabriel,
vor mir Uriel,
hinter mir Raphael,
über meinem Haupte aber
die Schechina.

2. Mittelalter

Orthodoxie

Weil ich das Ziel verfehlt habe, rufe ich zu dir, dem Schutzengel meines elenden Lebens, und klage bitterlich: Sieh an die Qual meiner ewigen Bande und laß nicht ab, für mich zu beten!

Nachdem ich nun den Dämonen übergeben wurde und mit Gewalt in den Abgrund des Hades geführt werde, so weiß ich wohl, daß nun alle meiner vergessen; du jedoch gedenke meiner, Engel des Herrn!

Bittkanon für einen Sterbenden

Nun erweichen dich, den Barmherzigen, die Scharen der Engel; mit den Cherubim flehen die göttlichen Seraphim; die Gewalten, Throne und Fürstentümer, die Mächte mit den Erzengeln und die Herrschaften bitten dich, Gewaltiger, daß du dich aller Seelen erbarmst, die du doch fortgeführt hast.

Totenkanon am Samstagmorgen vor Pfingsten

Wohlan, all ihr Gläubigen, laßt uns das Gedächtnis der heiligen Sieggekrönten (Märtyrer) ehren. Denn zum Schauspiel sind sie Engeln und Menschen geworden, haben von Christus den Kranz des Sieges empfangen und legen für unsere Seelen Fürbitte ein.

Märtyrer-Troparion am Montagmorgen
vor dem 7. Sonntag vor Ostern

Römische Messe

Per intercessiónem beáti Michaélis Archángeli, stantis a dextris altáris incénsi, et ómnium electórum suórum, incénsum istud dignétur Dóminus benedicere, et in odórem suavitátis accipere. Per Christum Dóminum nostrum. Amen.

Auf die Fürsprache des heiligen Erzengels Michael, der zur Rechten des Rauchopferaltares steht, und all seiner Auser-

156

wählten möge der Herr diesen Weihrauch segnen und als
lieblichen Wohlgeruch annehmen: durch Christus, unsern
Herrn. Amen.

Im Hochamt: Zum Weihrauchopfer

Dante

Als ihre Worte nun zu Ende waren,
begann ein Funkensprühen an den Ringen,
wie wenn ein glühend Eisen Funken sprüht.
Und jeder Funke glühte wie die Ringe,
wodurch die Funkenzahl nach Tausenden
das Doppelspiel des Schachbretts übersteigt.
Von Chor zu Chor vernahm ich ihr Hosianna
zum festen Punkte hin, der sie versammelt,
und so in ihrer Bahn sie ewig hält.
Sie sah das zweifelvolle Denken wohl
in meinem Geist und sprach: »Die ersten Ringe
bezeichnen *Seraphim* und *Cherubim*.
Sie folgen ihrer Fessel so behende,
weil sie dem Punkte möglichst gleichen wollen,
und möglich wird's durch ihre hohe Schau.
Die Lieben, die im nächsten Umlauf wandeln,
sie heißen *Throne* vor des Herrn Gesicht.
Mit ihnen schließt die erste Hierarchie.
Und alle, mußt du wissen, schöpfen Wonne,
so tief als ihre Einsicht in die Wahrheit,
da jeder Geist den Frieden sucht, hinabdringt.
Hieraus erkennt man, wie die Seligkeit
sich auf die Tätigkeit des Schauens gründet
und nicht der Liebe, die erst nachher kommt.
Das Schauen wird bemessen nach Verdienst
aus Gnade und aus reinem Willen strömend.
So ist's ein stufenweises Weiterschreiten. –
Die nächste Dreiheit, die in ewigem Frühling
hier keimt und blüht und nie entblättert wird
vom Aries der winterlichen Nächte,
sie rauscht ihr unaufhörliches Hosianna
in drei melodischen Geflechten; dreifach
klingt es zusammen aus drei Jubelchören.
Die heiligen Wesen dieser Hierarchie

157

sind *Herrschaften* zuerst, sind *Kräfte* dann,
und in der dritten Ordnung sind es *Mächte*.
Dann in den vorletzten zwei Ringen kreisen
die *Fürstentümer* und die *Ersten Engel*.
Im letzten spielen festlich alle Scharen.
Nach oben schauen und nach unten binden
sie alle derart, daß zu Gott sie alle
gezogen werden und einander ziehen. –
Um die Betrachtung dieser Ordnungen
bemühte Dionysius sich so heiß,
daß er, wie ich, sie euch bezeichnen konnte.
Gregorius zwar entfernte sich von ihm:
und mußte, als er hier im Himmel dann
die Augen auftat, lachen über sich.
Daß so geheime Wahrheit euch auf Erden
ein Mensch verkündete, soll dich nicht wundern,
denn ihm enthüllt' es einer, der's geschaut hat
mit mancher andern Wahrheit dieser Höhen.«

  Aus der Göttlichen Komödie, Paradies, 28. Gesang

3. Neuzeit

Der cherubinische Wandersmann

Ein Engel sein ist viel: noch mehr ein Mensch auf Erden
Und nicht mit ihrem Wust und Kot besudelt werden.

Mensch, ich bin edeler als alle Seraphin:
Ich kann wohl sein, was sie, sie nie, was ich je bin.

Angelus Silesius

Messias 1. Gesang

Wie zu der Zeit des belebenden Winters
    ein heiliger Festtag
Über beschneiten Gebirgen nach trüben Tagen
    hervorgeht;
Wolken und Nacht entfliehen vor ihm, die
    beeisten Gefilde,
Hohe durchsichtige Wälder entnebeln ihr Antlitz
    und glänzen:
So ging Gabriel jetzt auf den mitternächtlichen Bergen,
Und schon stand des Unsterblichen Fuß
    an der heiligen Pforte,
Welche vor ihm, wie rauschender Cherubim Flügel,
    sich auftat,
Hinter ihm wieder mit Eile sich schloß. Nun wandelt
    der Seraph
In der Erd' Abgründen. Da wälzen sich Ozeane
Ringsum, langsamer Flut, zum menschenlosen Gestade
Alle Söhne der Ozeane, gewaltige Ströme
Flossen, wie Ungewitter sich aus den Wüsten
    heraufziehn,
Tiefauftönend ihm nach. Er ging, und sein
    Heiligtum zeigte
Sich ihm schon in der Nähe. Die Pforte,
    von Wolken erbauet,

159

Wich ihm aus, und zerfloß vor ihm, wie in himmlische
  Schimmer.
Unter dem Fuße des Eilenden zog sich flüchtige
  Dämmerung
Wallend weg. Nah hinter ihm an den dunklen Gestaden
Blieb es in seinem Tritte zurück wie wehende
  Flammen.

Klopstock

Der Engel

Ein Engel flog mittnachts die Himmelsbahn,
Sang im Flug eine zarte Kantat.
Die Wolken, der Mond und der Sterne Rat –
Sie hörten dies Heilige an.

Er sang von der sündlosen Seligkeit
Bei den Geistern im Paradies.
Und Gottes, des Höchsten, Größe er pries
Mit inniger Aufrichtigkeit.

Eine junge Seele trug er im Arm
Auf die Welt, in die Not, in den Schmerz.
Ein Hauch von dem Sang verblieb diesem Herz
Zwar verschwiegen doch lebenswarm.

Auf der Erde rang sie ein Leben lang,
Stets erfüllt von dem heimlichen Weh:
Kein irdisches Lied ersetzte ihr je
Jenen engelisch-himmlischen Klang.

Michael Lermontow
Aus dem Russischen: Kurt v. Wistinghausen

Ja

Als der Herr mit mächt'ger Schwinge
Durch die neue Schöpfung fuhr,
Folgten in gedrängtem Ringe
Geister seiner Flammenspur.

Seine schönsten Engel wallten
Ihm zu Häupten selig leis,

Riesenhafte Nachtgestalten
Schlossen unterhalb den Kreis.

»Eh ich euern Reigen löse«,
Sprach der Allgewalt'ge nun,
»Schwöret, Gute, schwöret, Böse,
Meinen Willen nur zu tun!«

Freudig jubelten die Lichten:
»Dir zu dienen, sind wir da!«
Die zerstören, die vernichten,
Die Dämonen, knirschten: »Ja.«
                Conrad Ferdinand Meyer

O du, der Engel schönstes, klügstes Haupt,
von Gott abtrünnig, durch das Los der Huld beraubt,
Erbarme dich, o Satan, meines langen Elends!
Verstoßner Fürst, der großes Unrecht litt,
Und der, besiegt, stets tapfer weiterstritt,
Erbarme dich, o Satan, meines langen Elends!
Allwissender, König der Unterweltdinge,
uns naher Heiler aller Menschenängste,
Erbarme dich, o Satan, meines langen Elends!‹
                Charles Baudelaire

4. Gegenwart

Senna Hoy

Seit du begraben liegst auf dem Hügel,
Ist die Erde süß.

Wo ich hingehe nun auf Zehen,
Wandele ich über reine Wege.

O deines Blutes Rosen
Durchtränken sanft den Tod.

Ich habe keine Furcht mehr
Vor dem Sterben.

Auf deinem Grabe blühe ich schon
Mit den Blumen der Schlingpflanzen.

Deine Lippen haben mich immer gerufen,
Nun weiß mein Name nicht mehr zurück.

Jede Schaufel Erde, die dich barg,
Verschüttete auch mich.

Darum ist immer Nacht an mir,
Und Sterne schon in der Dämmerung.

Und ich bin unbegreiflich unseren Freunden
Und ganz fremd geworden.

Aber du stehst am Tor der stillsten Stadt
Und wartest auf mich, du Großengel.

Else Lasker-Schüler

Der Engel

O wüßtest du, wie sehr dein Antlitz sich
verändert, wenn du mitten in dem Blick,
dem stillen, reinen, der dich mir vereint,
dich innerlich verlierst und von mir kehrst!

Wie eine Landschaft, die noch eben hell,
bewölkt es sich und schließt mich von dir aus.
Dann warte ich. Dann warte schweigend ich
oft lange. Und wär ich ein Mensch wie du,
mich tötete verschmähter Liebe Pein.
So aber gab unendliche Geduld
der Vater mir und unerschütterlich
erwarte ich dich, wann du immer kommst.
Und diesen sanften Vorwurf selber nimm
als Vorwurf nicht, als keusche Botschaft nur.

Christian Morgenstern

Lucifer

»Ich will mein Licht vor eurem Licht verschließen,
ich will euch nicht, ihr sollt mich nicht genießen,
bevor ich nicht ein Eigenlicht geworden.

So bring ich wohl das Böse zur Erscheinung,
als Geist der Sonderheit und der Verneinung,
doch neue Welt erschafft mein Geisterorden.

Aus Widerspruch zum unbeirrten Wesen,
aus Irr-tum soll ein Götterstamm genesen,
der sich aus sich – und nicht aus euch – entscheidet.

Der nicht von Anbeginn in Wahrheit wandelt,
der sich die Wahrheit leidend erst erhandelt,
der sich die Wahrheit handelnd erst erleidet.«

Christian Morgenstern

Der Engel

Mit einem Neigen seiner Stirne weist
Er weit von sich was einschränkt und verpflichtet;
denn durch sein Herz geht riesig aufgerichtet
das ewig Kommende das kreist.

Die tiefen Himmel stehn ihm voll Gestalten,
und jede kann ihm rufen: komm, erkenn –.
Gib seinen leichten Händen nichts zu halten
aus deinem Lastenden. Sie kämen denn

163

bei Nacht zu dir, dich ringender zu prüfen,
und gingen wie Erzürnte durch das Haus
und griffen dich als ob sie dich erschüfen
Und brächen dich aus deiner Form heraus.

Rainer Maria Rilke

Zwiesprache mit dem Engel

Ich sprach: »Wer warnt mich in der Not der Stunde?«
Und er: »Das Licht erstrahlt zur rechten Zeit.«
Ich sprach: »Wie komm ich zu so hohem Bunde?«
Und jener: »Frage nicht. Sei nur bereit.«

»Kennst du den Traum, der uns von je beirrte?«
»Ich weiß, ihr seid von Lockung hart bedrängt.«
»Verdient nicht Tod, wer allzu niedrig irrte?«
»Die Himmelsliebe richtet nicht, sie schenkt.«

»Warum die Angst endlos?
Warum das Grauen?«
»Endlos ist Wahrheit, ist das Licht.«
»Wenn ich dir folge, werd ich es erschauen?«
»Schon liegt sein Glanz auf deinem Angesicht.«

»So trag ich schon das Licht in meinen Händen?«
»Im Kern, den du mit Traumgewirk umsponnst.«
»Nichts muß ich tun, als nur die Hände heben? –«
»Was sonst, als nur dies Eine! Was denn sonst!«

Henry von Heiseler

Des Engels Flügelschlag

Des Engels Flügelschlag erfüllt das All.
Er wallt herab mit Hall und Widerhall,
hat Gold und Silber und Kristall
von Mondessichel, Stern und Sonnenball,
hat Brennen und Erblassen der Planeten,
hat Blitz und Aschenregen der Kometen
gebändigt in dem Busen zu Gebeten.
Er schwebt mit seinen lichterübersäten,
demütiglich und still gekreuzten Flügeln,
auf Golgathas gebeingehäuften Hügeln,

das Testament des Heilands zu entsiegeln.
O heilger Geist, was gab Sein Tod uns kund?
– Das Wörtchen Liebe lag auf Seinem Mund
und es bewegte sich das Weltenrund.

Albert Steffen

Aus: *Wegzehrung,* Verlag für Schöne Wissenschaften, Dornach

Dem Gottesfreund und Menschheitsführer
Rudolf Steiner

Brach gelegte Ackerkrume
Winterlicher Grabesfeuchte
Hat verwandelt sich zum Leuchte-
Leibe einer weißen Blume.

Und es werden Kelch und Krone
Lichtes Angesicht und Flügel.
Christus hebt dich von dem Hügel
In die heiligste Äone.

Wie der Sternenchor erklingt
Und sich alle Himmelssöhne
Freuen deiner ird'schen Schöne
Die sich sanft dem Tod entringt!

Ja, du kommst im Erdgewande,
Aber von Verwesung ferne,
Fortan sehen Engel gerne
Menschen in dem Geisterlande.

Denn die Farben von der Erde
Lieben sie, durch dich gereinigt.
Menschheit hat mit Gott vereinigt
Deine gütige Gebärde.

Albert Steffen

Aus: *Im Sterben Auferstehen, Verlag für*
Schöne Wissenschaften, Dornach

Teppich des Lebens

Durch das Tor der Geburt
trägt uns der Engel
in das Menschensein.
Um ihn ist Quellenruhe
und das Leuchten des Meeres.

Auf dem Pfade der Erdenpilgerschaft
finden wir uns selbst
als der Ichheit Geschöpfe.
In Spiel und Dank, Treusinn und Begeisterung
erwachet im Innern der Himmel.

Durch das Tor des Todes
führt uns der Engel zurück
in das Geistessternenreich.
Um ihn ist Flammenkraft und die Gnade der
    Reinigung

Friedrich Doldinger

Leiden

Zu schwach, daß Tränen die Augen füllten.
Das nagende Leid kocht auf leiser Flamme herab.
Die Lippen, die bittere Worte formten, zucken.
Über das traurig-schwarze Auge
senkt sich befriedendes Lid.
Schonungslos wache Seele
ermißt die versterbende Kraft,
blickt auf die immer leerer werdenden Scheuern des
    Geistes.

Frage, gähnende schwarze Frage
steht wie die nutzlose Stunde am Bett.
Hinter ihr steht der Hohe, der das bestandene Nichts

jeder Stunde, des Unglaubens Not
und der Nüchternheit Geißelhieb
sammelt, wärmt und erweckt.
Keimende Flügel, keimende Augen hält
der Schleier des Todes verborgen.

Ursula Weymann

Engel

Ich bin.
Vergebt mir meine große Stille,
Ich kniee Tag und Nacht in eurem Sein,
Durchweht, durchtobt von eurem Wunsch und Wille
Halt ich die Waage zwischen Lust und Pein.

Was eure Herzen zueinander sprechen
Ist meine Speise, die mit Gott ich teile;
Das Brot des Lebens, das vereint wir brechen,
wird tausendfach den Hungrigen zum Heile.

Aus euch geboren, steh' dem Geist ich näher
Als euren Leibern, die mir Bildwerk sind,
Ich überrage sie ins Reich der Seher,
Euch zu verkünden, wann der Tag beginnt.

Emma Krell-Werth

Lautenspielender Engel

Stimme des Engels:
Sprich mich nicht an!
Ich kann dir nicht erwidern.
Ich höre nur der Laute Lobgesang.
Ich hab ein Amt, begreif:
    den heilgen Liedern
zu dienen, Klang bei Klang.

Doch fürchte nichts!
    Denn über allen Worten
und allem, was geschieht und je geschah,
klingt dieser Ton, und tönt an allen Orten.
Wags und stimm ein,
    und du bist ganz mir nah.

Albrecht Goes

Aus: *Lichtschatten du*, Frankfurt, S. Fischer Verlag 1978

Spruch des Hiob

Die ihr des Lebens Straße wandelt, blickt seitab:
Dorthin bin ich als Leidender gestellt an einen Stab.

Warum ich euch dies unverrücklich Bild gewähre?
Zur Hälfte straft mich Gott, zur Hälfte bin ich Lehre.

Und wie das eine blaue südlich' Himmelszelt
den winterlichen Firmament des Nord erhellt,

so facht mein Herz des Engels Wange an,
auf daß er Glaube, Liebe, Hoffnung blasen kann.

Albert Paris Gütersloh

Der Engel

Oh, daß der Mensch würdig sich erzeige seines Engels,
dessen Schwert ihn schützt,
seit die Liebe ihn gebar,
die in der Sonne und den Sternen
lebt und sie bewegt,
bis an der Zeiten Ende
der Posaunenstoß erklingt.
Er folge nicht der Sinne wüsten Lust,
nicht der Verlockung goldener Paläste,
die der stolze Übermut erbaut,
nicht dem Ruf widersinner Schenken.
Er bettle nicht um Mitleid,
erniedrige sich nicht zu schamlosen Tränen
und hoffnungsreichen Träumen;
zum nichtigen Zauber der Angst
und zur billigen Täuschung des Spotts.
Der Andere sieht ihn.
Er wisse, daß er nie allein,
nicht am lichten Tag und nicht im Schatten der Nacht,
der reine Spiegel wird es ihm bezeugen;
keine Träne trübe seinen Glanz.
Gib mir, Herr, daß am Ende meiner Tage
ich den Engel nicht entehre.

Jorge Luis Borges (Argentinien)
Aus dem Spanischen: *Paula Eppenstein*

Perspektiven der Anthroposophie

Rudolf Frieling

Christentum und Islam

Der Geisteskampf um das Menschenbild
Band 5503

Nur wenn die Christenheit ihrer eigenen Mysterien wieder inne wird, ist sie imstande, anderen Religionen und Weltanschauungen in rechter Weise zu begegnen – mit vertieftem Verstehen und zugleich mit klarem Unterscheidungsvermögen.

Christentum und Wiederverkörperung

Band 5516

Der Autor weist darauf hin, daß mit der Anthroposophie eine christliche Esoterik auf den Plan getreten ist, die in organischer Fortentwicklung abendländischer Erkenntnismöglichkeiten sowohl dem metaphysischen Tatsachen-Charakter des Christentums, als auch der Reinkarnation gerecht zu werden.

Emil Bock

Wiederholte Erdenleben

Die Wiederverkörperungsidee der deutschen Geistesgeschichte
Band 5506

Diese Sammlung von Zeugnissen der Wiederverkörperungsidee in der deutschen Geistesgeschichte dokumentiert die eigene europäische Tradition des Reinkarnationsgedankens im Gegensatz zur Vorstellung der Seelenwanderung im indischen Kulturraum.

Der Kreis der Jahresfeste

Die christlichen Jahresfeste wie Ostern, Himmelfahrt, Pfingsten, Johanni, Michaeli, Advent, Weihnachten usw. müssen nicht auf Traditionen beschränkt bleiben, sie lassen sich in den Jahresrhythmen der Natur als geistige Entsprechung zu den Rhythmen der Erde erleben. So müssen diese Feste nicht mehr nur gefeiert werden, wie sie fallen, sondern sie können aus einem neuen Verständnis ihrer Inhalte bewußt gestaltet werden.

Fischer Taschenbuch Verlag

Perspektiven der Anthroposophie

Friedrich Husemann
Vom Bild und Sinn des Todes
Geschichte, Physiologie und Psychologie des Todesproblems
Band 5510

Durch die anthroposophische Auffassung von Reinkarnation und Karma erfährt die Frage nach dem Sinn des Todes eine den Erkenntnisbedürfnissen des modernen Bewußtseins angemessene Beantwortung, durch die zugleich alte Menschheitsvorstellungen wieder nachvollziehbar werden.

Alfred Schütze
Das Rätsel des Bösen
Band 5511

Alfred Schütze schildert »das Böse« als ein ernst zu nehmendes Faktum, das sich mit moraltheologischen oder gesellschaftlich-sittlichen Normen nicht fassen läßt. Er zeichnet vielmehr eine Entwicklungsgeschichte des Bösen und seiner Erscheinungsformen, die mit der Geistesgeschichte der Menschheit eng verbunden ist. Auch die Frage nach dem »Wesen des Bösen« erfährt mit Hilfe anthroposophischer Erkenntnisse wesentliche Antworten, durch die schließlich auch »das Gute« in einem neuen Licht gesehen werden kann.

Rudolf Bubner
Evolution, Reinkarnation, Christentum
Band 5538

Der Gedanke an wiederholte Erdenleben stößt in christlichen Kreisen meist auf Ablehnung und Unverständnis. Solange Reinkarnation als Lehre verstanden wird, wird sie häufig als östliches Geistesgut abgetan.

Fischer Taschenbuch Verlag

Perspektiven der Anthroposophie

Frans Carlgren

Frans Carlgren, 1925 geboren, arbeitet als Lehrer an der Stockholmer »Kristofferschule« und am Rudolf-Steiner-Seminar in Järna. Er gilt als Kenner und Darsteller der Waldorfpädagogik. Seine Arbeiten zu verschiedenen anthroposophischen Themen haben in Schweden z.T. starke öffentliche Beachtung gefunden.

Erziehung zur Freiheit
Die Pädagogik Rudolf Steiners
Berichte aus der internationalen Waldorfschulbewegung
Band 5502

Kein Schultyp wird heute so häufig zitiert und diskutiert wie die Waldorfschule. In diesem Band wird ausführlich berichtet über die erste, seit 60 Jahren funktionierende Gesamtschule: Begründung durch Rudolf Steiner, pädagogische Grundlagen, Lehrplan, Selbstverwaltung der Schule, Praxisberichte vom Kindergarten bis zum Abitur, bildungspolitische Probleme der internationalen Waldorfschulbewegung.

Der anthroposophische Erkenntnisweg
Band 5543

Immer mehr Menschen fühlen heute ein Bedürfnis nach der inneren Ruhe und Seelenstärke, die durch Meditation erreicht werden können. Dieses Buch möchte Entscheidungshilfe bieten, um einen Übungsweg zu finden, der nicht nur die erwünschte Wirkung vermittelt, sondern auch dem modernen Menschen westlicher Zivilisation voll entspricht.

Fischer Taschenbuch Verlag

fi 439/1

Rudolf Steiner
Ausgewählte Werke

Herausgegeben von Kurt E. Becker
und Hans-Peter Schreiner

10 Bände in Kassette.
Die Bände sind auch einzeln lieferbar.

Fischer Taschenbuch Verlag

ZIVILISATION DER ZUKUNFT

Arbeitsfelder der Anthroposophie

Herausgegeben
von Herbert Rieche und Wolfgang Schuchhardt

432 Seiten, Paperback

Die Leistungen anthroposophischer Einrichtungen auf den verschiedensten Gebieten finden heute steigendes öffentliches Interesse und wachsende Anerkennung. Dieser Sammelband trägt deshalb einem breiten Informationsbedürfnis Rechnung; er bietet eine umfassende Übersicht, die durch Beiträge kompetenter Fachautoren für die einzelnen Themen gegeben wird. Dabei zeigt sich Anthroposophie als ein Weg, der für die Zukunft wieder hoffen läßt, weil er in der Gegenwart bereits zahlreiche konkrete Realisierungen gezeigt hat.

Die Themen:
I. Aufgaben der Naturwissenschaft: Goetheanismus und Naturwissenschaft (Schad); Medizin (Schürholz); Pharmazie (Ulrich, Weber); Arzneimittelprüfung (Burkhardt); Landwirtschaft (Koepf); Wasserforschung (Schwenk).
II. Der Mensch und seine Bildung: Christentum (von Wistinghausen); Schulungsweg (Smit); Dramatische Kunst (Greiner); Eurythmie (Heidenreich); Kunstimpulse Mitteleuropas (Gerbert); Architektur (Raab); Kindergarten (von Kügelgen); Waldorfschulpädagogik (Lindenberg); Heilpädagogik (Müller-Wiedemann).
III. Geschichte und Sozialgestaltung: Geschichts- und Geisteswissenschaft (Tautz); Generationenprobleme (Schuchhardt); Geld und Bankwesen (Barkhoff); Europa (Schmidt-Brabant); Soziale Dreigliederung (Leber).

VERLAG URACHHAUS STUTTGART